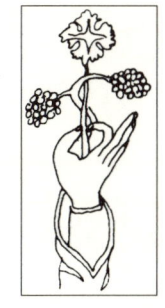

DAS GEDICHT · EINE AUSWAHL NEUERER DEUTSCHER LYRIK · EDITION L

INHALTSÜBERSICHT

„Lyrik – wozu?" Geleitworte des Herausgebers und Aussagen von Hilde Domin, Marcel Reich-Ranicki, Wolf Biermann, Hans-Jürgen Heise und Ulla Hahn 7

Hilde Domin: Zur Terminologie „Lyrik und Text" 9

Gedichte mit Vita und Aperçu der Autoren
(Alphabetisches Autorenverzeichnis Seite 167) 11

Gedanken zum 25-jährigen Bestehen der Edition L
und zur Lyrik 162

Freudenstädter Lyriktage / Inge Czernik-Förderpreis 165

Nachwort über diesen Band 166

Autorenverzeichnis 167

Pressestimmen (siehe Klappentexte)

DAS GEDICHT
2002

Eine Auswahl neuerer deutscher Lyrik

Herausgegeben von Theo Czernik

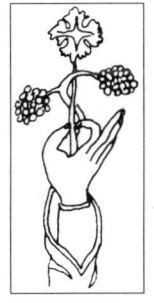

EDITION L

ISBN 3-934960-14-6

Czernik-Verlag / Edition L
68766 Hockenheim
Alle Rechte vorbehalten
Printed 2002

Auswahl und Gestaltung: Theo Czernik BDW
Satz und Druck: Ottodruck, 78727 Oberndorf am Neckar
Schrift: New Baskerville Roman und Italic
Papier: Werkdruck holzfrei gelblichweiß, chlorfrei,
Papierfabrik ArjoWiggins, Dettingen/Erms
geliefert durch Schneidersöhne, Ettlingen
Bindearbeit: Heinrich Koch, Tübingen

Lyrik – wozu?

Lyrik ist die schönste, schillerndste und kürzeste Interpretation des Lebens. Philosophie ist aus der Suche nach Wahrheit entstanden, Theologie aus Angst vor der Endlichkeit oder Unendlichkeit, Lyrik aber läßt den Himmel einfach blau sein. Lyrik ist keine Lehre vom Leben, sie ist Leben und so selbstverständlich wie Systole und Diastole. Sie erfreut, tröstet, erhebt auch mahnend den Zeigefinger – aber sie stellt keinen Anspruch auf Unfehlbarkeit. Sie gibt uns Gewißheit, daß der Einzelne nicht alleine ist, sondern in einem ständigen Dialog mit dem Jetzt, aber auch mit der Tradition, ebenso immer im Gespräch mit dem Nächsten oder mit Gott.
Ein Gedicht ist daher ein Brückenschlag zwischen dem, was war, was ist und dem, was vielleicht sein könnte.
Der Dichter ist kein passiver oder neutraler Beobachter, sondern jemand, der verstehen will: sich selbst und alles, was ihm denkend zugänglich ist.

Die Frage „Lyrik – wozu?" stellten wir literarischer Prominenz, die seit Anfang unsere Freudenstädter Lyriktage eröffnet hatte, Namen, die schon zur deutschen Literaturgeschichte zählen. Ihre Antworten möchten Einstieg und Stimulanz für Leser sein, die das Gedicht lieben oder sich wünschen, daß es sich ihnen erschließt.

HILDE DOMIN, 1994. *Der Lyriker bietet uns die Pause, in der Zeit stillsteht. Ohne dieses Innehalten kann Kunst nicht angenommen, noch verstanden oder zu eigen gemacht werden.*

MARCEL REICH-RANICKI, 1997. *Es gibt Millionen Menschen, die noch nie Mozart gehört oder Lyrik gelesen haben. Und sie leben trotzdem. Doch mit ihnen lebt es sich besser.*

WOLF BIERMANN, 1996. *Gedichte kann man nur schreiben, wenn man staunen kann wie ein Kind. Der Traum von einer besseren, gerechteren Welt ist so alt wie die Menschheit selbst. Heute zu glauben, daß es noch Paradiese geben kann, ist ein tiefer Denkfehler. Also hau ich rein und mache weiter; weine, fluche, lache unser Lebenslied: Ewig machen, ewig scheitern...*

HANS-JÜRGEN HEISE, 1995. *Gedichte sind ein Arsenal menschlicher Erfahrung. Sie müssen Botschaft bleiben, in ihnen muß dem Mitmenschen begegnet werden, sie dürfen nicht zu einer reinen intellektuellen Angelegenheit akademischer Youngster verkommen und die elementaren Befindlichkeiten des Lesers ignorieren. Wenn Lyrik in eine Krise geraten ist, dann hat dies nichts mit Desinteresse, sondern mit dem Inhalt zu tun.*

ULLA HAHN, 1998. *Lyrik darf auch heute schön sein. Sie drückt ein Lebensgefühl aus, in dem man sich in seiner Zeit, in seiner Welt wieder erkennt. Es gilt, aus lyrischer Tradition den poetischen Ausdruck für heutige Lebenssituationen zu finden. Dabei muß man den Worten noch viele Geheimnisse belassen, um dem Leser Interpretationsspielraum zu geben.*

Hilde Domin
›LYRIKER‹ UND ›TEXT‹
Zur Terminologie

»Ich bin ein Lyriker und rede als Lyriker über Lyrik.« Warum stelle ich mich nicht als Dichter vor? Ich suche doch sonst die einfachen Worte. Und ich schreibe ja Gedichte. Dichter ist ein einfaches Wort und war uns Jahrhunderte gut.

Worte wechseln, wo nicht die Bedeutung, so doch den Akzent. Das Wort verschiebt sich zwischen seinen Bedeutungen. Das Wort ›Dichter‹ hat sich verschoben, es ist uns verdächtig geworden. Jene Bedeutung, die den Dichter zu etwas Priesterlichem machte, etwas Seherartigem, ist uns fatal. Ebenso fatal ist uns das Preziöse, das ganz und gar Esoterische: der Elfenbeinturm, das ›Ohne-mich‹. (Wobei doch wenige von uns ›engagiert‹ im alten Sinne sind, der Rückzug in eine feste Ideologie wäre nur eine neue Art Elfenbeinturm.) Wir kommen alltäglich daher, inkognito, ganz wie jeder andere. Etwas einfacher als jeder andere, *underdressed*, wie die Engländer das nennen. Der Lyriker ist das Handwerkliche am Dichter. Schließlich ist dies aber nur eine Frage der Nomenklatur, wenn sich hier auch schwer ›nur‹ sagen läßt: Die Verschiebung der Benennung indiziert immer auch eine Verschiebung des Tatbestands. Wenn ›Namen‹ gleichgültig wären, brauchte man Dichtung nicht. Dabei ist doch deutlich, wie sehr jede derartige ›Benennung‹ eine Frage der ›Konvention‹ ist, ein Zeichen, auf das man sich geeinigt hat. Während ›Lyriker‹ für uns das Nüchterne ist, der Fachausdruck, mit dem der Träger seine Sonderstellung unterspielt, etwas, wobei eben niemand den Atem anhält, wie vielleicht, wenn er hört, ein ›Dichter‹ kommt ins Haus (die unsichtbaren Kothurne, die mit dem Wort mit hereinkamen, sind durch die Umbenennung einfach weggewischt, keiner denkt mehr daran. Ein Lyriker ist fast so gut und verläßlich wie ein Elektriker, ein Mechaniker und andere ›iker‹, eben ein Techniker in Lyrik, ein Mensch wie du und ich), empfand ein Deutschamerikaner das Wort im Gegenteil als eine Poetisierung, assoziierte mit ›Lyra‹, und wunderte sich zu hören, daß die Lyra aus diesem Wort längst verschwunden ist. »Das Aug in holdem Wahnsinn rollend«, so zeigt sich eben keiner mehr öffentlich, der an sich als »Lyriker« denkt.

Der Lyriker ist praktisch heute eine Art freier Angestellter der Industriegesellschaft, die ihm ihre Publikations- und Werbemittel zur Verfügung stellt und ihn autorisiert, wie das alte Rom den dem Triumphator beigegebenen Sklaven, ihr sein ständiges »Denke daran, wie vergänglich, wie unterminiert du bist« ins Ohr des Mikrophons zu sagen. Das ist eine unromantische Form der Existenz. Falls er einmal in unkonventioneller Kleidung und als Bürgerschreck maskiert auftreten will, hängt er sich ein Warnungsschild um: »Vorsicht, Happening. Hier passiert was.« Wobei dieser *contrat social*, in dem der Technisierung so konsequent Rechenschaft getragen ist, ihn weniger noch als jeden Clown oder Hofnarren früherer Zeiten vor der immanenten Tragik seines Handwerks bewahrt: vor der Zerreißspanne zwischen Innen und Außen, zwischen Traum und Realität, sozialer Utopie und politischer Wirklichkeit. Und also nicht vor dem Gefängnis in den totalitären Ländern, nicht vor Klinik und Elektroschock, in den ›freieren‹ (ich benutze den Komparativ, der weniger ist als der Positiv, natürlich).

Eine ebensolche Verhandwerklichung, Vertechnisierung (wie die Bezeichnung ›Lyriker‹ statt ›Dichter‹) ist das Wort ›Text‹ statt ›Gedicht‹, ganz wie der Arbeitscharakter des Gedichts besonders hervorgehoben wird. Der Lyriker bekommt heute ebenso oft anerkennende Briefe für seine ›Arbeiten‹ wie für seine ›Träume‹. Auch für seine ›Texte‹. Was den Anfänger zunächst überrascht, besonders die ersten beiden. Man tut gut daran, sich zu erinnern, daß im Spanischen und sicher nicht nur dort ›Arbeit‹ zum Beispiel ist, was man beim Hexer bestellt *(trabajo)* oder wofür der Stierkämpfer gepriesen wird *(faëna)*, beides ja in der Tat, ganz wie das Gedicht, Leistungen, die die Anwendung hohen handwerklichen Könnens voraussetzen. Bei ›Text‹ aber würde ein Nichteingeweihter, mein Deutschamerikaner z. B., vielleicht zuerst an ein Libretto denken, ein Textbuch.

›Text‹ hat sich – polemisch – eine ganz bestimmte Richtung lyrischer Arbeiter angeeignet, deren ›Texte‹ im Extremfall (ich zitiere Adorno, obwohl es ein Gemeinplatz ist) nur noch ›Tapetenmuster‹ sind. Sie nennen sich auch vielfach ›Texter‹. Wiederum versuchen gerade Autoren, die keine ›Texter‹ sind und auch keine Lyriker, sondern die unterhalb dessen liegen, was Lyrik wäre, sich mit dem Wort ›Text‹ den Anschein von Sachlichkeit – als sei das Wort schon eine Gewähr – zu geben, während man unter *Texte, Texte, Texte* dann vielleicht einen versifizierten Erbauungstraktat bekommt. Als schriebe man auf ein Buch *Gedrucktes, Gedrucktes, Gedrucktes.* ›Texte‹ sind eigentlich nur ›Gewebtes‹, Geschriebenes.

Alles Geschriebene ist also ›Text‹, das Gedicht wie das Strafgesetz. Für den Philologen ist jedes Gedicht ein Text, auch für den Drucker, auch für den Korrektor. Und auch für den Autor selbst, der einen Text ändert oder entläßt. In diesem präzisen Sinne möchte ich das Wort ›Text‹ wieder ›versachlichen‹ und ihm die überspitzte und auch mißbrauchte Konnotation wieder abnehmen, es ganz ›neutral‹ gebrauchen, während ein Gedicht ja nichts Neutrales ist.

Das ist nicht dahin zu verstehen, daß ich dem Gedicht seinen Arbeitscharakter schmälere, das heißt, den hohen Anteil an sprachhandwerklichem Können, an ›Machen‹, der in jedes Gedicht geht und schon immer gegangen ist, wenn er auch subjektiv offenbar weniger ins Bewußtsein getreten ist oder doch in der Selbstdarstellung wenig oder gar nicht hervorgehoben wurde. Die Bedeutung des Arbeitsprozesses hat unzweifelhaft in der Moderne zugenommen, mit der Zunahme der Selbstreflexion und der Vergleichsmöglichkeiten. Die exklusive Akzentuierung des Arbeitscharakters hat ja zu der Bezeichnung ›Text‹ als einer Art *pars pro toto*-Begriff nicht von ungefähr geführt. Sondern aus dem Wunsch, das Gedicht als ein Spezifikum von den industriell machbaren Artikeln zu unterscheiden. Daher stelle ich also ausdrücklich fest, daß ›Gedicht‹ und ›Text‹ keine echten Synonyme sind, unbeschadet der Tatsache, daß jedes Gedicht als Objekt zum Text wird.

›Dichter‹ und ›Lyriker‹ dagegen sind Synonyme, auch so benutzbar, ohne andere Differenzierung als eben die: daß als Berufsbezeichnung für den, der von sich selbst spricht, in den Fällen, wo es nicht genügt, sich als ›Autor‹ vorzustellen, dem Worte ›Lyriker‹ im allgemeinen der Vorzug gegeben wird, weil es neu und technisch ist und unbelastet von dem feierlichen Anspruch der Jahrhunderte. Bei der Steuer und im Hotelregister ist der Lyriker kein Lyriker, sondern ein Schriftsteller. Für seine Leser ist er wohl weiter ein ›Dichter‹. – Im übrigen ist der Streit ›Dichter versus Schriftsteller‹, der die Gemüter erhitzte (hie Hesse, hie Thomas Mann, der Komparativ von Schriftsteller hieß ›Asphaltschriftsteller‹), ausgelitten.

Mit dem ›Poet‹ schließlich, dem allgemeinsten terminus, wortwörtlich dem ›Macher‹, brauchbar wie er von der Etymologie her schiene – gerade die ›Texter‹ hätten ihn aufnehmen können –, ist es wohl vollends aus. Dem ›Macher‹ haftet der allerromantischste Nimbus an. Nur Enzensberger nennt seine Reihe Übertragungen ausländischer Lyrik *Poesie.* Und das tut er natürlich aus Widerspruch.

HANS STAIGER, 1934 in Istanbul geboren. Seit 1950 im hessischen Neu-Isenburg ansässig; Architekt. Arbeitet auch auf den Gebieten Malerei, Skulptur und Literatur. Lyrik und Kurzprosa in Anthologien, Zeitschriften und im neuen Kirchengesangbuch. 2001 erschien „Das Ende des Roten Pastors", Satiren.

Gedichte zu schreiben ist für mich: Klar werden und etwas in ästhetischer Form festmachen. Aber auch dies: Bedürfnis nach Mitteilung, das Aussetzen einer Flaschenpost …

Schwanberg

Wieder auf meinem Silberberg,
wo die Rüben bei den
himmlischen Märchen wachsen,
die Seele gepflügt wird, geeggt
und das Schweigen ins Kraut schießt.

Hier habe ich die alten Bilder begraben,
der Kindheit gedroschenes Stroh,
geheime Mädchennamen
und die Zweige der Einsamkeit.

Aber auch dies:
Das Bündel des Lebens
dem Schmerzensmann
unter die Flügel gelegt,
unter den blutigen Dorn.

Hier lernst du das Lauschen.
Wenn der Mund schweigt,
singen die Bäume,
die silbernen Stämme in St. Michael
pfeifen den Orgelton dir
in die Seelenflügel zum Leben.

Anmerkung: Schwanberg: Tafelberg mit evang. Kloster i. Franken

glaubensfrage

ich glaube nicht
daß unser schöpfer
irgendetwas dagegen hat
wenn ich dir
unter den rock greife
mit den fingern
langsam den
schenkel hochstreiche
während du für
einen kuß dich
zu mir herunterbeugst
damit ich auch
gleich im ausschnitt
deine schöne brust sehe

er, der uns
die lust geschenkt hat.

Herbstblatt

Bald die Keltern
und die Kiepen
im Hof.
Der neue Wein.

Bald das Ende
der Worte mit Dir.
Loslassen, Gehen.
Weinen.

Lebens Ernte:
Viele Tropfen.
Viele Tränen.
Viel Liebe.

Lieber Gott.

*

Gebet

Herr, wir wollen dir heute ein Feuerchen
machen,
einen kleinen Scheiterhaufen
und unsere Luftschlösser darin
verbrennen.
Aus den Scheiten wirst du das Ächzen
hören
und das Stöhnen sterbender Träume.
Aber im Rauch haben wir dir ein Loblied
versteckt.

VERA LEBERT-HINZE, geboren 1930; lebt in Hilchenbach und Mannheim. Mitarbeit in zahlreichen Anthologien, sechs Lyrikbände, darunter „Kinder des Windes" mit Dietmar Scholz, zuletzt 1998 „Ortloses Gelände" und „Signale im Nebel". Diverse Auszeichnungen und Preise, u. a. Nikolaus-Lenau-Preis 1990, ART-GEDOK-Nadel 1995, Alfred-Müller-Felsenburg-Lit.-Preis 1999 für das Gesamtwerk.

Lyrik: Selbstgespräch – in Form gebracht und preisgegeben.

Blickkraft

Auch du
hattest einst
den Blick
der bezwingt
der ein Rauschen verspricht
in den Kronen

Dunkel und Stille
danach

und am Moos zupft
der Häher
der die Geheimnisse hütet

unter bunten Flügeln

Mit wem?

Komm laß uns gehn
eh sie die Deckel schließen
und unsren Jahrgang dann
ad acta legen

wenn sie Geschichten unseres Lebens
sich erzählen
die ihre Kleider tragen
und in ihren Schuhen gehn
dann wird es Zeit
das Ohr mit Sand zu füllen

taub nur ließe sich ertragen
wie wir gelebt
was wir gedacht
und wie die Liebe war
die uns verband

mit wem sind wir verwandt
mit wem im Bund gewesen?

Danach

Weißt du
sagt deine Stimme
ruhig und leis
weißt du noch

wir haben Steine
gewälzt
und Felsen versetzt

und ich weiß:

laß uns Sandkörner
zählen jetzt
von Hand
ruhig und leis

und
weißt du noch
fragen

am Ende der Zeit

Malgrund

Such die Dornen deiner Jahre
die noch immer Wunden reißen
in die Haut
dir den Rock anhalten beim Gehen

frag sie wo der Duft ist
die Farbe
der fühlige Samt
zartfeuchter Blätter

holzig Gesträuch
schweigt sich aus

wenn du die Blüten nicht malst
aus Erinnrung und Schauer

in die Nacht
deiner Tage

Rückkehr

Kommst du heut nacht
von der Küste des Sommers

aus den Armen der Sonne
aus der Weite der Ebene
zurück
in das Altgewohnte
das Enge
zu den Blättern am Boden
den Bildern
aus den Tagen davor

und zu den Briefen
den wartenden

dich in die Pflicht zu nehmen
zu sein
der du nicht warst

an der Küste des Sommers
in den Armen der Sonne

Steinbruch – Bruchstücke

Der halbe Mond ist halb nur
für das Erdenaug'

nur für die Spanne Zeit
bis zu der Fülle

aus eines Steinbruchs
losgelöstem Stück
läßt Alter Herkunft
Fundort sich bestimmen
da jedes Bruchstück
von dem Ganzen zeugt

der Vielfalt Formen
tragen Spuren in dem Raum
und wissen um Gefüge
Halt und Kraft
an jenem Ort
der Ausgang war

und der – im Traum –
noch immer Lücke

die aufnimmt

dich und mich

ANNELIESE MERKEL, geb. 1949, Buchhändlerin, lebt in Stuttgart. Veröffentlichungen: Gedichte: „Ich will verwundbar sein", Frankfurt 1988; „Ich streue Wortsamen aus", Edition L, 1990; „Zwischen den Zeilen", CD (Kammertheater Stuttgart); „Aller Wurzeln Grund", Edition L, 2000; „Zeugin Zunge", Esslinger Reihe, Band 29, 2001. Auszeichnungen: Inge-Czernik-Förderpreis für Lyrik, Freudenstadt; Literaturpreise der Künstlergilde Esslingen (1997 Lyrik, 1998 Prosa).

Ich suche kein Thema, sondern das jeweilige Thema findet mich. Dies geschieht vor allem absichtslos. Diese Absichtslosigkeit ist Grundlage und Ausgangspunkt für die Sammlung von Momentaufnahmen, die im Entstehungsprozess eines Gedichts transzendiert werden.

Im Anfang

Wie es war im Anfang
als wir lernten
zu sehen im Gehen
so frei die Luft atmeten mit
Blume Baum und Tier

kehrten wir
heim am Abend mit dem Klang
der Stille die uns über
die Schwelle trug

ist kein Sonntag alle Tage
gleiten wir über die flimmernde
Leinwand unserer Wünsche
im Datennetz

zwischen Tagtraum und Tagwerk
so auch jetztundallezeit ohne
Blume Baum Tier Ewigkeit
und Amen

Luftpost

unterm Warten
welkten mir
die Hände Herbstblätter
getrieben vom Wind über Nacht

kam der Schnee mit
dem Schnee kommt
der Brief blaue Luftpost

es klart auf zwischen
zerrissenen Wolken Fetzen
von Zeilen

zaghafte Zeichnung
Bleistiftschrift

du kannst alles sofort
und ganz leicht
ausradieren was geschrieben
steht

steht nicht fest ist so
dünn wie die Luft schwer
zu atmen

in solcher Höhe

Flüchtiges

unterwegs
Geruch von Teer Staub
und frischem Brot

im Gegenlicht Glanz
von Schienensträngen

immer ist es die Fahrt
zurück in bekanntes
unbekanntes Land

Ausschnitt aus
einem Akt

Leben das
dir anhängt

als Schatten der
in älterem Licht

jetzt

seine Bahn spurt

vor dem Hintergrund
der Nacht

JOHANNA ANDERKA, *1933; Schriftstellerin; „Vertauschte Gezeiten", „Ausgefahren die Brücken", „Silbenhaus", Edition L; Nikolaus-Lenau-Preis; Sudetendeutscher Kulturpreis; Ehrengabe Andreas-Gryphius-Preis; 1994 Inge-Czernik-Förderpreis.

Lyrikschreiben ist für mich etwas ganz Normales.

Stadtpark in O.
(in einem Herbst im Krieg)

Jetzt rückt die Sonne näher
mondrund und rot
und duldet meinen Blick

Parkwege werden breiter
das Gebüsch
zieht sich zurück

Verblühte Dahlienfrauen
sammeln sich verschreckt
in Horden

Und die mich führen
denen ich vertraut
sie greifen fester zu

und reden laut
als müßten sie
Gefahren niedersingen

den Herbst die Nacht
und jene Angst
in ihren Worten

Kriegsfrühling

Der Fluß brachte viel
Wasser und Holz schwamm
Zerbrochenes zwischen
den Ufermauern

Dem Kind dröhnte
der Kopf geneigt
übers Brückengeländer
stand es und schaute

Da die Nächte schrumpften
kommen die Flieger
mittags heulten Sirenen
warten die Keller

Im Tiefen im Unten
Schutz finden
vielleicht im Mut
der Angst widerstehen

Wie der Ast der sich
hingibt der Gewalt
ausgespien wird er wieder
von ihrem Sog

Die Sonne wärmte
schon war die Böschung
grün neben dem Bombenkrater
die vielen Gänseblümchen

Noch
oder
Aus der Kinderstadt

Abends rauchte die Stille
stickig aus allen Schloten
vom Schacht her quietschten
die Kohlenhunte schwenkten
über dem Fluß stieg der Mond

Das Kind lehnte träumend
mit dem Rücken zum Raum
am Fensterbrett flockte Ruß

Noch war ihm der Sommer
vertraut der Mond ein Freund
das wachsende Dunkel Hülle
der Stadt Herz noch erhellt
vom Schein gebändigter Feuer
glühendes Eisen Materie nur
gelenkt von menschlicher Hand

Jedes Morgen schien scheinbar
im Gestern gebettet das Kind
fühlte Furcht nur als Schauer
Kälte die ausgeht von Worten
wie Winter Abschied und Krieg

Achtsam schloß es das Fenster
die Uhr vom Kirchturm schlug
lange und hoch stieg der Mond

Gabriele Bach

GABRIELE BACH, geb. 1956, wohnhaft in Baldham. Studium der Germanistik und Kunstgeschichte, M. A. phil., tätig als Kunstwissenschaftlerin und Fotografin. Gedichtbände: „Porenweit" (1990) und „Phönix" (1993)/ beide Edition L.

Dem Spiel elementarer Kräfte nachspüren, die Begegnungsfähigkeit des Menschen bezeugen, Resonanzraum sein für den Einfall der Bilder.

Eurydike

Die letzte Spanne Wegs
vor dem Ziel

die schmale Furt zwischen
dem gegebenen und
dem gewählten Leben

die Handbreit Zögern
vor dem Sprung
    zu überwinden nur
    an verläßlicher Hand

Und das finstere Wissen
daß die alten Schatten
immer wiederkehren
und die Hoffnung zerfurchen
wird zuschanden
an unserem Traum
der immer wieder Leben ablöst
vom Grunde blinder Zuversicht

    Aber dreh dich nicht um:
    mein Gesicht trägt noch Nacht

Paar

Aber manchmal
greift uns das Leben
und spricht uns frei
von allen Zwischenräumen
unseren Wünschen anheimgefallen
lösen wir die reife Gegenwart
aus der Schale der Zeit

Über unserer Fließhaut
tanzt die Schar
der Gedankenfedern
vertraut mit dem
Brandungsdonner in der Brust

Und im Lächeln
im Spiel der Hände
im Wildwuchs der Umarmungen
wächst Licht
schwärmt aus
und kehrt als Freundlichkeit
zu uns zurück

Erwachen

Erst wenn mein Schmerz
zu singen beginnt
    werde ich fühlen

Erst wenn die stockende Stille
nach dem Verlust
Auftakt wird
zu reicheren Melodien
    werde ich hören

Erst wenn im Scheitern
die heilsame Fußspur
der Leere erscheint
    werde ich sehen

Erst wenn es inmitten
vermodernder Wünsche
nach Leben riecht
und das Bitterkorn der Not
nach Veränderung schmeckt
    werde ich ganz geboren sein

Zweisam
(für K)

Noch immer
unser blauer Doppelflug
durch die Jahre
im zerschlissenen Gefieder
singt die Welt – maßlos wie je

Noch immer
bleibt für uns Blick und Schrei
im Sturzflug über
dem Grab der Geschichte
gierig klaffend von Krieg zu Krieg

Noch immer
wächst furchtlose arglose Stille
herznah ruhen wir im Gleitflug
hoch über dem wimmelnden Leben
in erprobter nie verlorener Nähe

Wir – die Gebärde
des Zweifels wie des Vertrauens
von unbekannter Hand
ins Licht geworfen

Restlos

Vorhandener nie
als in den Fluten
des inneren Lichts

wenn der Vorhang des Zufalls zerreißt
unter dem Prankenhieb der Liebe

wenn wir uns endlich ganz verlieren
im Delta unserer Wünsche
atmend uferlos

wenn wir
angenommen vom Geheimnis
das Bild um Bild
aus Seelengründen steigt
uns wiedererkennen
Raubtiere
mit gestirntem Blick
träumend zeitlos

wurzeltief
klafft das Glück

aus „Phönix"

Ich Windsbraut
federleicht und flügge
doch wehrlos noch immer
der Schwerkraft des Schreckens
anheimgegeben

erstarrend noch immer
vor dem freien Fall
durchs brausende Dunkel
scheuend vor
der schneidenden Lust
von Aufprall
und Auferstehung
als andere

So aber
Wurf und Gegenwurf
spielt uns der gärende Grund
aus dem das Leben
ins Unbekannte stürzt

UWE ERWIN ENGELMANN, *1951 in Neusiedel (Rumänien), Studium der Germanistik/Anglistik in Bukarest, 1976 Übersiedlung in die Bundesrepublik, Siegen, seit März 1980 Studienrat am „Friedrich Flick Gymnasium" in Kreuztal, Westfalen. „Und was ich dir noch sagen wollte", Lyrik, Dipa, Ffm, 1993, „Aus meiner Schweigsamkeit breche ich aus", Lyrik, Dipa, Ffm, 1997, „Dorfleben in Südosteuropa/Viata la tara in sud-estul Europei" – zweispr. (dt./rum.) Gedichtband, zus. mit Marcel Turcu, Gedichte/Poezii, Mirton, Timisoara, Rumänien 2001.

Im Prinzip ist jedes Gedicht eine Momentaufnahme, ein Spiegelbild meines augenblicklichen Seins. Auch morgen schon können mir heute geschriebene Texte fremd sein.

Aufruf

Ach
lasst mir doch
den Geruch der Freiheit
und versucht nicht jetzt im Herbst
meine erlahmenden Flügel zu brechen
wo mir jeder Schlag weh tut
den ich mache
und ich nicht sicher weiß
wo ich lande

lasst mich doch
abheben
dem Geruch folgen
den ich ein Leben lang als
   meine Freiheit
      zu erreichen versucht

Memento Mori

Ob
Buchenwald

Ob
Auschwitz
Sachsenhausen
Birkenau

...

Mauthausen
Kariera am Bug
Archipel
ich weiß nicht wievielter

Ob
in der Deportation
der Juden dahin
oder
meiner katholischen Mutter
in der Sowjetunion

Irgendwo
holt mich Vergangenheit
immer wieder ein
und
zwingt mich
zu einem
Memento Mori

Biographie
für M. Reich-Ranicki

Ich war anders gekleidet

kannte eure Witze und Scherze nicht

eure Peinlichkeiten teilte ich auch nicht

Erinnerungen liegen irgendwo
zwischen den Gleisen
des Schlesischen Bahnhofs

Rollen habe ich gespielt
und mich damit abgefunden

Zusammen war ich mit „Freunden"
als Jude jedoch nicht willkommen

erst spät erst wurde ich
als 'Herr der Bücher' unübersehbar

Teil bin ich
des Literaturbetriebs dieses Landes

einsam ist meine Arbeit
und der Feinde sind viele

Freiheit ist
was ich lebe und meine

Petrarca

Ich werde dich
                      Laura
nennen
Da du mir nah bist

Wecke mich nicht
Raube nicht meine Träume

Habe keine Angst
                      Laura

Alles kommt
wie es kommen muss

Und es wird schön sein
im gleißenden Lichte zu baden

Und abzulegen die Schuld
die wir auf uns geladen
in all den Tagen

Habe keine Angst
                      Laura

So lange ich da bin

Fahrt mit dem großen Wagen

Der große Wagen
hängt im Sommer des Nachts
mitunter in meinem Fenster

Sonnenblumenfeldern gleich
weisen mir seine sieben Rosetten den Weg

Jede Nacht
steige ich in seinen Schragel ein
und reise mit ihm nach dahin
wo meine Träume wohnen

Gefahren bin ich mit ihm noch nicht
doch hoffe ich
dahin zu kommen
wohin meine Träume mich treiben

Fazit

der
der dir die Träume raubt
bin ich

die
die mir die Kraft zum Leben wieder gibt
bist du

das
das uns beide bindet
ist LIEBE

GUDRUN REINBOTH, *1943, Bibliothekarin, „praktizierende Matriarchin" einer großen Familie, lebt in Neckargemünd und veröffentlichte bisher vier Gedichtbände und vier Jugendbücher. Sie erhielt 1990 den Künstlerinnenpreis der GEDOK Heidelberg, sowie für zwei ihrer Jugendbücher Arbeitsstipendien vom Förderkreis deutscher Schriftsteller.

Weil Kriege zuerst mit Worten beginnen, kann Frieden zwischen den Menschen auch so anfangen: genau und behutsam und mit großer Verantwortung für das Wort.

verstummen über auschwitz

worte kommen
wie von weit
kommen wie in
schweren schuhn
asche und verwesung
an den sohlen
und sie bitten mich
um flügelschlag
und leichten weg

wollte ich sie
aus der schwere holen
müsste ich das
feuer und
die asche werden
weinen alle tränen
schreien alle flüche
opfer müsste ich
und täter werden

doch mein mut
geht nur auf
kleinen sohlen

minimalforderung

so dünn unsre haut
keine federn und krallen
nicht stacheln noch panzer
kaum taugliche zähne
woher dann die messer
in unseren worten

wäre der mensch
zum wenigsten nur
ein wolf des menschen
verschonte er doch
den eben besiegten
und ohne angst
vor der höhle des satten
weidete das lamm

das neugeborene

wo du herkommst
muss es andre
blumen geben
ihr duft
umhegt dich
flüchtige tage

dann nimmst du
unsre gerüche an
nimmst unsre
gebrechliche liebe an
dann treffen
menschenworte
dein hirn unterm
offenen schädeldach
und du wirst
wie wir

wer hat dich gefragt

weltsprache

kind
fremdes
am südlichen strand
noch bist du
möwe bist welle
und atem der mutter
noch ist ohne
sprache dein lallen
heb ich die hand
kommt mir deine
entgegen
wie lieben wir uns
jetzt
hier
gleich wirst du
vergessen

viel müsste ich
lernen
zu stimmen ins wort
deiner eltern
du aber
ichlos geborgen
lächelst in allen
sprachen der erde

warte diese nacht

warte
diese nacht auf mich
die nicht blau ist
und nicht stern-ummantelt
die nur schwärze auf
die tagestrümmer gießt

unbeflügelt komm ich
ungeschminkt mit
barem fuß und
bloßem herzen
will mich dir auf
deine lider legen
traumlos wunschlos
als ein tiefer schlaf

schwester mond

schöne mondin
dein stilles licht
versagt sich
der verbrüderung
der menschenschritte
kein astronaut
hindert das silberne
gitter der weiden
vorm tiefen blaugrund
und wer wollte
mich mahnen dass
dein schimmer nur
leihgabe ist wenn er
das gesicht des geliebten
hebt aus der
blindheit der nacht

ANDREAS KNAPP, geb. 1958 in Hettingen; Studium in Freiburg i. Br. und Rom; Promotion in kath. Theologie; nach der Priesterweihe (1983) langjährige Tätigkeit in Hochschulseelsorge und Priesterausbildung (Freiburg); Engagement in sozialen Brennpunkten (Paris; Neapel). Bei Edition L erschien: Werdet Vorübergehende (3. Aufl.).

Lyrik wehrt der Gefahr, Sprache und Welt eindimensional zu verengen. Meine Gedichte sollen daher Raum geben für das Erahnen anderer Dimensionen der Wirklichkeit.

Annäherung

nur barfuß
und unverhüllten gesichtes
darfst du
der liebe
begegnen

ihr schmerz verbrennt
dich
und mich
nicht aber
uns

denn
sie schenkt
uns beiden
einen namen
für immer

Heimatlos

aus muttererdiger Wärme
vertrieben
durch die Geburt

aus dem Land der Väter
vertrieben
durch zahllose Pubertäten

aus der Umarmung der Liebe
vertrieben
durch Enttäuschungen

irren wir
von Exil zu Exil

bis uns der Tod
sein Asyl gewährt

Der Fremde

am eiligen weg
saß einer
und kein vorbei
vom gesichtskreis gebannt
durch augen aufgehalten
in pupillen eingefangen
magnetpol DU
im augen-blick
alle fragen
aller hunger
alle sehnsucht

verwirrt
reiße ich mich los
gehe aus seinen augen
doch wohin
weiß ich nicht mehr

versöhnung

denn immer
verwunden wir doch
zugleich auch
uns selber

und nur
am anderen
werden wir wieder
heiler uns selbst

der wiedergefundene blick
reicht weiter
als jede im fernrohr
geschaute galaxie

und selbst die sterne
empfangen ihr licht
aus dem glanz
versöhnter augen

Abraham

stammvater
aus ur-zeiten

utopisches wetterleuchten im blut
sehnsuchtskompass gott-weh

zähle die glühenden sandkörner
am nachthimmel

steck einen stern auf deinen wanderstecken
deine kindheit liegt dir erst noch voraus

nur im verlassen alles vertrauten
findest du heim

Jerusalem

Der Muezzin
offenbart die Größe Gottes
in Dezibelstärke
und dreht den Lautsprecher auf

Der Rabbi
steckt die hebräische Besitzurkunde
in den Briefschlitz der Mauer
und ist sich Gottes Siegel sicher

Der Priester
wähnt Gottes Gegenwart
in einer Grabeskapelle
und verteidigt seine Weihrauchgrenze

Gott aber ist taubstumm
kann nur armenisch lesen
und kauert mit ausgestreckter Bettlerhand
in der via dolorosa

Dr. DIETER HÜLSEBUSCH, geb. 1955 in Bochum, leitet in Iserlohn/Westfalen eine Praxis für logopädische Therapie. Studium der Sprachrehabilitation, Staatsexamen, Diplom und Promotion. Lehrbeauftragter an der Universität Dortmund. Arbeitsschwerpunkte: Schlaganfall-Patienten sowie stotternde Menschen. Teilnahme an Anthologien.

Lyrik ist eine der intensivsten Kommunikationsmöglichkeiten. Die Verdichtung geschriebener, gesprochener und gelebter Sprache führt zu einer tieferen Intensität des Lebens schlechthin.

gesammeltes Schweigen

an der Schwelle
zum Schlaf
diesem winzigen
Bilderbuch der
Regenbögen

zwischen heute
und morgen
dort in der
unsterblichen
Geborgenheit

kannst du
es finden
mein
gesammeltes
Schweigen

und nur
dort
können wir es
miteinander
teilen

komm also
und sei bereit
zu diesem
wortlosen
Gedicht

Oktoberwald

noch einmal
scheint
in herbstlich
stillem Schwingen
Gelassenheit
zu liegen
in den Dingen
die ringsum
wortlos uns
umgeben
in einem Leben
wie in zartem
Schweben

und alles Fühlen
Spüren und Berühren
fließt ineinander
und erfüllt
die Räume
inmitten
dieser Welt
der grenzenlosen
Bäume

Kirschbaumblüte

auch die weißen Blätter
müssen fallen
müssen schwinden

so wie wir
uns stets in einem
Abschied winden

ungefragt und
ungewollt durch
Sphären dringen

und mit unsern
feuchten Augen
ringen

schau die weißen Blätter
müssen fallen
und mit ihnen fällt

tief empfunden
eine jede
Welt

jene Welten
die wir lieben
die wir hassen

Menschen die wir
einfach
gehen lassen

ahnend
dass es nicht
in unsern Mächten steht

wann die
Kirschbaumblüte
kommt und wann sie geht

Splitter

viele Tage
irgendwo
hin

heute
einer
von denen
die brennen
voller
Nähe

die
in uns
sind
als wenn
es keine
Trennung
gäbe

da lodert
Wort
um Wort
lauert
die Haut
glühend
dürstend
nach neuen
Silben

sage mir
wo dein
Atem endet
zeige mir
die Grenze
deines Haars

manchmal

manchmal
sind sie da
die Erinnerungen
aus denen
wir sind

der Geruch
von Fichten
und Tannen
die Sehnsucht
nach Neubeginn

manchmal
sind sie da
mit dem
Glockengeläut
aus dem Tal

das Heimweh
der Heimatlosen
und ein Gefühl
nicht endenden
Friedens

Abschied

geblieben
der Geschmack
von Versprechen

Geruch
nach Frühling
und Wiederkehr

und ein
hauchdünnes
Vergessen
von Einsamkeit

mitten im
September

ILSE HEHN, *1943; Banat/Rumänien. Kunstpädagogin und Dozentin für Malerei in Ulm. Veröffentlichungen: 8 Lyrikbände, 2 Kinderbücher, zuletzt: „Im Stein", 2001 (Lyrik). Lyrik-Preis „Adam Müller-Guttenbrunn", Deutscher Kinderbuchpreis Bukarest, Literaturstipendium der Stadt Salzwedel/Altmark, „Inge-Czernik-Förderpreis für Lyrik"/Freudenstadt. Mitglied P.E.N., Rumän. S.V., „Kogge", „Esslinger Künstlergilde".

Schreiben? Ein Griff hinter den Spiegel ...

Bilder
Deutschland 2001

Du legst sie vor dich hin
auf den Tisch,
versuchst zu ordnen die Jahre
gelebt im Osten Westen und
sämtlichen Himmelsrichtungen,
in Demokratie und Regime,
in Zeit und Unzeit,
versuchst zu überschauen das Spiel,
gespielt nie für's Marionettentheater,
aber auch nie für dich.

Asseln unterm Stein die
Erinnerungen an Flucht und
Verdrängung;
scharf wie das Küchenmesser
spürst du noch immer
die Angst in den Träumen.
Selbst die Rast,
dieser graue Filz,
bringt kaum Ruhe zwischen die
vielkantigen Puzzle-Teile,
welche du wortlos hin und
her schiebst.

Bis dein Sohn sie
mit einer leichten Handbewegung
vom Tisch fegt
und sagt:
ES SIND NUR BILDER!
Wo sind die ekstatischen Momente,
die heftigen Adrenalinschübe und
wo die Alltäglichkeiten,
die kleinen unaufwändigen Dinge;
wo bleibt der übergreifende
Sachverhalt,
etwas Kontinuierliches, Ewiges?

ICH KANN DEINE BILDER NICHT
DURCHBRECHEN,
sagt er.

Und redet, um sich mit jedem Wort
seines Lebens zu vergewissern.

Immer diese Angst

Zwischen Herbst und Winter
immer diese Angst
man könnte stürzen
seine Uhr verlieren

Leg dich zu mir, Schlaf
Lehr mich den Tod

*

Rost

Rost im Sprachgitter
Sätze aus Papier und Eisen
so virtuell wie die europäische
Kulturlandschaft zu Beginn des
einundzwanzigsten Jahrhunderts

also speichern wir den Tod

den Kuß
der ins Messer führt
wie der Ring zur Kette läuft

*

Fragen sind Konkretionen

Wer schürt den Verrat

Wer atmet den Rost ein

Wer weiß, wie weh das tut

ROSA MARIA BÄCHER; *1950; Passau; Lehrerin an der Schule für Kranke. Gedichtbände: „Flügelschläge", 1987; „Gegen den Wind", 1991; „Jazzkonzert", 1996; „Das Gerede der Vögel", 1998. 1. Preis der Autorentage Weinstadt, 1992; Inge-Czernik-Förderpreis 1997.

Dem Wort dienen, ihm eine Sprachhaut geben, ein pochendes Herz, damit es lebe in einer kleinen Gruppe Verstehender und ab und zu jene erreiche, denen die Faszination, als Impuls zu leben, noch nicht aufleuchten konnte.

Inventur

Dein Mund
schreibt auf meine Brüste
das Flügelwort
Liebe

Die gestohlene Zeit
schlägt hin und her
wie ein Pendel
zwischen unseren Lippen

Unsere Zungen
suchen nach Widerhaken
gegen die Angst
sprachlos zu werden

Noch wachsen
unsere Arme zusammen
wie Bug und Heck
eines Schiffes

Silberdistel

Kam zu dir
aus den zerbrochenen Bergen
den Schneefeldern der Sonne
so hoch
war meine Liebe

kam wie ein Kind
mit abgerupften Blumen
und zerschundenen Knien

rollte
auf losgetretenen Steinen
die Halde hinab:

eine Königin war ich
mit dem blauen Blut
des Enzians

eine Königin bleib ich
eine Distel
silbern
zwischen Schwingel und Steinbrech

August

Nun sind die Tage da
wie weiße Trauben,
das Licht hängt in der Luft
wie ein Laib Brot,
der Nussbaum ist ein Korb
voll grüner Perlen,
Lupinen zügeln heiß
und werden rot.

Und manchmal zieht am Himmel
eine Schnecke
und lässt ihr Haus
in einem Rad aus Watte stehn,
und manchmal
jagt ein schwarzer Hund darüber,
dann fängt es an,
sich wild und laut zu drehn.

Dagmar Westphal, Jahrgang 1942, wohnhaft in Wieckenberg im Landkreis Celle, kfm. Angest., Veröffentlichung in Anthologien.

Mein Verhältnis zur Lyrik erkläre ich mit meinem Senryu:
Warum schreibe ich?
Um mir und den anderen
ganz nahe zu sein.

elf uhr elf im frühling

Leichter
die Schuhe im März
geputzt mein Fahrrad
fieberhaft
gesattelt mein Pferd
ungewaschen
den frühling beritten
unerfahren
Kreise ins Blaue gezogen
umschlungen
vom Licht
ein Veilchen geküßt.

Morgens

Erwachender Tag,
an meine traumschwere Schläfe
lehnst du dein Regengesicht

schlägst deine Sekunden
an meine vergängliche Stirn,
was willst du von mir?

Du fesselst mich, kann nicht
fliehen vor dir – du
trägst ein Unschuldsgesicht…

in deinen Arm meine Angst
in deine geöffneten Lippen
leg ich mein Lächeln.

Eiche

du wartest auf
wärme auf wasser
jahre kreisen
in deiner rinde
tief eingefurcht
schmerz sehnt sich
lichtwälderwärts

umarmt dich der wind
fliegt same
ins irgendwann
fallen wirst du
dienend als holz
mich dunkel betten
ohne tränen

ANNE HEITMANN, in Münster aufgewachsen, lebt heute in Hochheim a. Main. Veröffentlichungen in zahlreichen Anthologien, Zeitschriften und im Rundfunk. Drei eigene Gedichtbände, 1998 Finalistin des Literaturpreises der GEDOK Rhein-Main-Taunus. 1985 Ehrenbrief des Landes Hessen, 1999 Ehrenmedaille der Stadt Hochheim.

an Worten sich festhalten/ mit Worten sich durchschlagen/ heller fühlen/ klarer denken um mit/ einfach gefügten Worten/ anzukommen.

Zeitnot

Die Halden abzuräumen
bleibt die Zeit nicht mehr
wir müssen über Steine steigen
um uns zu versöhnen
bevor es uns die Sprache
ganz verschlagen hat
bevor die Sterne sinken
und es dunkel bleibt
denn alles hat ein Ende
die Galgenfrist vor allem
sie währte schon ein totes Jahr
wir müssen es begraben
    noch in dieser Zeit.

Gelassen

Ich überlasse es der Zeit
ob meine Stimme zählt

ich überlasse es dem Geist
ob er mich ausgewählt
und was er mir bereitet
weiss ich nicht

wie könnte ich ihn kennen
diesen Gott im Licht

    *

Schwebend

Unentschieden sind
Trübnis und Helle
Ruhe und Unrast
stören sie nicht
über den Bäumen
stehen die Wolken
ruhen die Winde
hält inne die Zeit
es atmet nicht
fraglos

    ist alles offen

Vorbild

Diese meine
längst verschiedene
immer größer
werdende Alte
wie nur hat sie die
siebenundneunzig
Jahre geschafft

Klug vor allem
mit sicherem Sinn
für das Angemessene
lernte sie unverdrossen
Jahr um Jahr
das Pensum ihres
Jahrhunderts

wurde sie stärker
noch im Vergehen
lebte sie würdig
dem Ende entgegen
um in Geduld
und ohne Zögern
zu sterben

Erika Macdonald

ERIKA MACDONALD, geb. 1925 im Ruhrgebiet; Lehrerin, Dolmetscherin; 20 Jahre in Australien gelebt und unterrichtet; jetzt wohnhaft in der Region Hannover. Veröffentlichungen in Zeitungen, Zeitschriften, in einem Lyrikbändchen und in Anthologien; Lesungen im Literaturtelefon.

Ich bemühe mich um ein harmonisches Zusammenspiel von größter Schlichtheit des Wortes, präziser Bildhaftigkeit und natürlichem Sprachrhythmus.

erste liebe

dein blick zu mir
wie eifelmaare
dunkel und tief
sprach vom küssen
sprach vom lieben
bin nach dem
ersten kuß geblieben
und weiß nun
daß ich schlief
wohl hundert jahre
bis hin zu dir

Unter deiner Hand

Dies ist das Lied,
nach dem ich lange suchte,
es ist das Lied vom neugeborenen Ich.
Jetzt wird mein Brachland
reife Früchte tragen,
und totgeglaubtes Holz
treibt Grün für dich.
An meiner Gartenmauer
der erste Klatschmohn glüht.
Ein warmer Regenschauer
und meine Wüste blüht.

..., ergo sum

Zwischen
Noch werden
und
Nicht mehr sein
drängt sich das
Ich bin
plötzlich und ungerufen.
Dieser Tropfen Bewußtheit:
halb dumpfes Erinnern
an gelebte tote Ewigkeiten,
halb banges Ahnen
von noch zu lebendem ewigen Tod.

Hoffnung

Nun überschau ich viele Jahresringe;
sie wuchsen langsam um mein Herz herum.
Ich zähle wie ein Kind
sie heimlich immer wieder
und frage nach dem Sinn
und suche das Warum.

Woher? Wohin? Warum?
sind Mehltau-Fragen,
die kranke Blüten, kranke Früchte tragen.
Vielleicht erschließt sich ungefragt
im letzten Jahresringe
mir das verborgene Wissen
um die letzten Dinge.

Über die Jahre

Über die Jahre
trocknen die Tränen,
denn alles im Leben
ist nur auf Zeit.

Über die Jahre
vergeistigt die Trauer;
sie weiß den Toten
in guten Händen
im Irgendwo-Land
der Ewigkeit.

Über die Jahre
bist du vergessen,
denn alles im Leben
ist nur auf Zeit.

Was ist mit uns gemeint?

Erinnerung aus tiefer Schlucht, woran?
Lauschen und Warten, worauf?
Verhaltene Wehmut, warum?
Zehrende Sehnsucht, wonach?
Blume, schon verdorrt,
oder Knospe unterm Schnee?
Pfad zum Übermenschen
oder Staubschweif des Kometen,
Schlußlicht der Evolution?
Niete oder großer Wurf?
Was ist mit uns gemeint?

*

Omega

Zurück, o Herr, in deine Hände
fließt des Lebens letzte Welle,
in der mein Blick ertrank.
Und mit dem Wort ‚Hab' Dank'
fällt vom Baum der Sprache
nun auch das letzte Blatt,
so ausgelaugt und welk und matt,
zurück, o Herr, in deine Hände.

BRIGITTE NAU, geboren 1944, wohnhaft in Kelkheim/Ts.
Studium der Pharmazie in Frankfurt/Main. Gedichte in zwei Editionen des Czernik-Verlages. 'Lyrik heute' und 'Schlagzeilen'.

Der Alltag ist oft unscheinbar. Wenn ich schreibe, beginnt er zu leuchten.

allein
im nebel

von weit
erstickende geräusche

weiße erstickte stille
ganz nah
dunkle umrisse nackter bäume
schwarze scherenschnitte auf milchglas

tropfende büsche
modriges moos
schwerer geruch
von erdiger vergängnis

überall

der nebel

umarmt mich

webt wasserkokon

dicht
immer dichter

einsamkeit wächst

schleiert nässe
in haare
kleider
augen

der vogel

geknickte knospe im beet
blutrot
ins wasser gestellt
blüht auf

er
ist tot

und sang
doch am abend zuvor
so unendlich schön
so unendlich lang
zwischen kirschblüten
das gefieder geplustert im wind

flog fort
kam zurück
berauscht vom eigenen glück

flaumfederknäuel
dunkelweich morgens am beet
hebe ich auf

sie wärmen die hand
machen bang

warum
lauschte so ahnungslos ich
dem gesang?

zwischen kornfeldern

weiß, lila, helles blau

hier
mit feiner spitze aufgetupft
dort
mit breitem pinselstrich
zwischen die halme gelegt
flammendes rot

ein rot
so flammend

die ähren singen

westwind
leicht wie deine hand
legt sich auf die stirn
kühlt
das gequälte hirn

Schöner

Es ist schön zu spüren, wie der Schlaf naht,
schöner zu denken, dass er bleibt.

ich wünschte mir
den Frühling weniger unruhig
dafür klarer
den Sommer weniger heiß
dafür runder
den Herbst weniger naß
dafür bunter
den Winter kurz
aber weiß

ich wünschte mir
die Liebe weniger blumig
dafür wandlungsfähig und groß
und den einen Tod
den wir haben
stark
und weniger hilflos

ich träumte eine Liebe
die des Todes Schwester
die hilfreich ihm in ernster Stund'
zur Seite steht
wenn einsam er
sein's schweren Amtes Pfad begeht
so träumte ich
und träumend wurde fest mein Schlaf
und immer fester.

Die Sonne lockt mit dem Abendrot.
Ich fliege hinein auf den Flügeln der Liebe,
geliebter Tod.

Das Ideal

es leuchtet in uns
als komethafter Strahl
mit wechselnden Farben
wir werden es nie erreichen

denn unseresgleichen
Versuchung
und Qual
bringt zu Fall
zu Fall

und von Fall
zu Fall deutlicher
siehst du ein
leben, lieben, sündigen
muß so sein

wer lebt und liebt
macht Fehler und fällt
nur der in der Klause
kann ein Heiliger sein
und liebend umarmst du die ganze Welt

die Alte

ihre Ohren
waren schwach geworden
hörten nicht mehr
den Lärm dieser Welt

ihre Augen
waren trüb geworden
sahen nicht mehr
die Greuel dieser Welt

weil sie
auf sich selbst geworfen war
war sie heiter geworden
und ihre Worte waren klar

HARALD K. HÜLSMANN, geboren 1934 in Düsseldorf, dort lebend. Jahrelang geritten auf dem Amtsschimmel. Wenn Muße und Musen es zuließen auch auf dem Pegasus. Veröffentlicht im In- und Ausland. Da und dort Übersetzungen, auch ins Japanische und Chinesische.
Diverse Preise bzw. Stipendien, Bundesverdienstkreuz.

Ich vermerke, was ich bemerke. Ist Negatives darunter, so liegt es an der Welt und nicht an mir.

Töne und Zeiten

Volk und Nation
Das waren Töne
auf die wurde gepfiffen

Hier in jener Tonart
Dort in anderer

Und als man wieder
zu gleichen Tönen
kommen wollte
weckte die Melodie
Erinnerungen
die allzu nahe waren
der Art
wie Frühere sie pfiffen

Sind wir das Volk

Haben es
vor Augen
aber nicht
im Griff

Haben gesehen
aber nicht
begriffen

Wissen
wos langgeht
aber nicht wohin

Reden daher
aber nicht davon

Fallen aufs Maul
und halten den Mund

Da oben und hier unten

Vom Himmel hoch
da kommt so manches her

Daß es gut sei
ist meistens zu bezweifeln
Es sei denn Regen
der willkommen
nach langer Dürre
ist den Bauern
und Nomaden
die ziehen mit Herden
suchend nach Futterplätzen

Und suchen auch
Minen zu meiden
da ihnen Bomben schon reichen
die man oft nur wirft –
so heißt es –
um den Frieden zu retten

GEROLD EFFERT, geboren 1932 in Bausnitz/Riesengebirge. Studium der Germanistik und Anglistik. Lebt als Studiendirektor a. D. in Fulda. Neben mehreren Erzählbänden und einer Romantrilogie schrieb er vor allem Gedichte; zuletzt erschien »Das Papierschiff«. Zahlreiche Auszeichnungen, u. a. Poetenmünze, Goldmedaille »Recherche de la qualité«, Andreas-Gryphius-Preis.

In guten Gedichten geschieht etwas Atemberaubendes: Die Innenwelt des Autors, seine Empfindungen und Gedanken, verbinden sich im Wort mit der Außenwelt; mehr noch: Die beiden Welten schießen wie in einem Kristall zusammen zu etwas ganz Neuem, vielleicht sogar Unvergesslichem.

Anruf

Kolkrabe, schwarzer
Gefährte, aus
winterkahlem Geäst
schaust du herab.

Gebieterisch trifft
mich dein rauer
Anruf, dein
düstres Gekrächz:

Lös dich endlich
aus dumpfer Schwere
werde leicht und breite
die Arme aus.

Schwing dich herauf
in die gläserne Luft,
folge mir quer
übers Schattental.

Folg mir befreit über
den schwarzen Fluss,
angstlos zum andren,
zum nebligen Ufer.

Unruhe

In einer lauen Strömung
der Luft, getragen vom
Südwind, flügeln
jeden Frühling die Störche
aus afrikanischen Ländern
rastlos nach Norden.

Und ungehindert werden
an flache Küsten vom
Golfstrom polwärts getrieben
Schwärme von Aalen;
sie schwimmen zielstrebig
die Flüsse hinauf.

Nur in die Erde sind
tief Pfähle gerammt.
Schranken und Zäune
zerschneiden das Festland.
Misstrauisch bewacht wird
jede Grenze von Zöllnern.

Wer stürmisch ans Tor
pocht, im Rücken die Not,
wer lächelnd um Einlass bittet
ins kalte Paradies,
den weisen sie ab, leichthin
und feindlichen Blicks.

Rauchzeichen

Auflöst der Herbstwind
die zähen Nebel – rein
ist die Luft, so scheints
dir, und ungetrübt.

Was aber schleift träg
über dein Dach hin?
Du witterst befremdet
den schwachen Anflug.

Rauch weht dich an,
Brandgerüche von weither,
aber von welchen
schwelenden Feuern?

Stehn ferne Wälder
in Flammen? Oder verglüht
zu Asche das stählerne
Herz einer Großstadt?

Du verschließt dich der
schwarzen Botschaft, winddicht
riegelst du Fenster und Türen
und lauschst heitrer Musik.

INGEBORG LEIBER, 1941 geboren in Vörden/Höxter, lebt in Soest. Graphikstudium an der Fachhochschule Münster. Lyrikveröffentlichung 1985 „Mit Flügeln und mit Fesseln" (Edition L).

schreiben/ in ungeschützter verletzbarkeit/ erfahrungen ausloten/ befindlichkeit in der zeit reflektieren/ harfe und trommel zugleich

rutengänger

spurensucher
im wortwald

schatzsucher
von silbermonden

anbeter
der roten sonnen

narbenheiler
der blauen wunder

alles
steht in den sternen

in der stille
des tages

im lärmen
der nacht

suche
nach wahrheit

apokalyptischer traum

fische fliegen lautlos
gegen käfigwände
vögel schwimmen im eismeer
verstummen
bäume und blumen
sterben
einen langsamen tod
liebessonnen
verglühen
und ich
trage
ein kleid aus
blumen, vögeln und fischen
und tanze
meinen liebestanz
liebend sterben?
sterbend lieben?
der wind widerspricht nicht

einsamkeit

die schwarze
brücke
ist überlastet
von nachtträumen

die blaue
trägt
keine illusionen
mehr

die rote
liebt
keine
grenzgänger

auf der regenbogenbrücke
nächtigen
zu viele
traumtänzer

Dr. HORST SAUL, geb. 1931, Facharzt für innere Medizin in Ahrweiler. Bisherige Veröffentlichungen: „Verletzliches Dasein", Gedichte, 1991, „In deren Feuer du verbrennst", Gedichte und Prosatexte, 1993, „Herzzeitlose", Gedichte, 1995. „Die Venus von Akakus", Essays, Kurzgeschichten, biographische Skizzen, 1998, „Bemalte Einsamkeit", Gedichte 1999, „Du hast mein Lied im Rosenbeet versteckt", Lieder und Gedichte, CD 2000. Ins Rumänische übertragene Texte, Mitautor einer rumänisch-deutschen Anthologie. Übertragungen ins Französische.

Das Ethos der Kunst ist es, den Menschen in seine eigenen Tiefen zu führen, die vielleicht unentdeckt oder verschüttet sind, vielleicht auch der Oberfläche geopfert wurden.

Sommersonnenwende

Fast hat die Zeit
die Zeitlichkeit verloren,
die Nacht nur noch
ein Schatten ihrer selbst,
ergibt sich klaglos
Licht und Sonne,
vertröstet sich auf
ferne Tage, gibt
die Sommerbühne frei
für Knabenkraut und
Gauklerblume, raubt
dem Kleiderschrank
der Frauen Sonnenhut
und Ausgehmantel.
Die Nacht steckt selbst
jetzt Kerzen an
und Rosen haben
ihre Liebesstunde,
in der sie sich
in Duft und
Zärtlichkeit enthüllen,
Verführerinnen, die dem
Liebsten lustvoll
ihre Brüste schenken,
und enden nicht
wie auch der Abendamsel
Lied im Scherzo
später Junitage.

Rauch des Jahres
(Die letzten Tage von 2001) für Helga und Rudolf

Das Jahr wird schwer
und hängt als reife
Frucht am Baum.
Aus unsichtbaren Spalten
steigt die Trauer auf
und bange Fragen rollen
auf den Heimholwegen
in mein Herz
vorbei an Rosen, die
der Winterwind vergaß.
Doch irgendeiner näht
im Nachtbaum mir
die Zukunftskleider,
die ich tragen soll.
Und der Mond am
Hang des Himmels
bläst erschreckt den
Rauch des Jahres
in noch nicht
bewohnte Räume.

Befreiung

Loslassen und Fallen:
durch die Innenbilder,
die sich verschwören
und bleiben,
durch den Kopf, der
zur Logik zwingt,
durch die Kloaken
der Angst
vor mir,
vor Dir,
vor dem Nichts,
ständig mit den Armen
greifend nach
der Schachtwand,
bis die Befreiung gelingt
im absoluten Fall
auf der anderen Ebene
als die Sorge um morgen.

BRIGITTA WEISS, geboren 1949; wohnt seit 1975 in Bad Lauterberg im Harz. Studium der evangelischen Theologie, Anglistik, Germanistik, von 1967–1974 in Bethel, Frankfurt am Main und Gießen. 6 Gedichtbände. Zahlreiche Veröffentlichungen von Lyrik auch im Ausland. 6 Lyrikpreise, 1999 Inge-Czernik-Förderpreis, Edition L; Auszeichnungen des International POET/Madras/Indien und der Accademia di Pontzen in Napoli/Italien. Mitgliedschaft: Regensburger Schriftstellergruppe international, IGdA, Deutsch-Schweizerischer P.E.N. und P.E.N.-Zentrum Deutschland, u. a.

Schreiben ist für mich der lebenslange Versuch zu erfahren, wer ich bin, zu erkunden, wie die Welt in mir ist, wie ich in der Welt bin. Gedichte sind Gebete: Jubel- und Trauergebete, Stoßgebete, Gebete des Siegens, des Scheiterns, des Überwindens, vor allem aber des Dankens und Rühmens, wie es auch Rilke wußte: Rühmen, das ist's…

Weisung (in memoriam Ingeborg Bachmann)

Wenn einer fortgeht, muß er die Glut,
die noch glimmt in den Öfen,
mit Schuhen zertreten,
muß er den Abend schon
vor dem Morgen
loben, trägt er wie eine Münze
das Salz und das letzte Brot
auf der Zunge,
mit nichts als sich selbst unterwegs.

Wenn einer fortgeht, muß er das Schloß
wechseln in seiner Tür,
den Schlüssel muß er
im Schnee vergraben,
gehen muß er mitten im Winter,
bevor erstes Grün ihn umgarnt zu bleiben,
gehen, ohne sich umzudrehen,
vergessen die Häuser,
die Bäume, die Steine,
nur Namen leibe er ein.

Wenn einer fortgeht, muß er sein letztes
Lager in fremder Erde bereiten,
muß er die Felder aufs neue vermessen,
verlorene Häute neu wachsen lassen,
und Felle, die ihm davongeschwommen,
um nicht der Täuschung
anheimzufallen,
alles sei schöner und alles sei besser
dort, woher er einst kam.

Die Bettlerin

Die dünne,
welke Hand geformt zur Schale.
Neben der Frau das bleiche stumme Kind.
Thomas bist du. Vor dir die Foltermale.
Am Kopf des Kindes aufgekratzter Grind.

Die schwere Tür
nur einen Spalt breit offen.
Klopfet, so wird euch allen aufgetan!
Berührt bist du, verlegen und betroffen.
Verraten sie. Nach ihnen kräht kein Hahn.

Hastig und reichlich
schenkst du viele Dinge.
Die Frau beginnt zu weinen – ohne Ton.
Doch du gabst nur zurück die Silberlinge,
denn sie verbrannten dir die Finger schon.

Maria vom Schnee

Maria, komm,
Gebenedeite, komm,
laß deinen Schnee
nicht Schnee von gestern sein,
tritt ein, brich ein, erhell die Nacht,
steig du herab vom Schneealtar,
und mach
noch einmal wahr den Traum,
den einer träumte im August in Rom –

Bau deinen Dom
auf weißem Schneegrund neu,
spinn Stroh und Heu
im Stall zu purem Gold…
Steig du herab
vor Noahs Regenbogen,
bleib uns gewogen in einer Zeit,
die Schneejungfrauen
kalt verlacht,
zeig uns die Pracht,
die deinem weißen Schoß entsprang.

Laß deinen Schnee
nicht Schnee von gestern sein,
die wunderarme Zeit
währt schon so lang,
der Engel Sang
ist uns so fremd geworden.
Maria, komm, Gebenedeite, komm,
laß uns dein weißes Wunder neu erleben,
mach uns fromm.

CLAUDIA BEATE SCHILL, *1952, lebt in Ostfildern. Journalistin. Studium der Fremdsprachen in Heidelberg. BV.: „Revolution in Zeilen", 1978; „Deutschland-ein-Eisalptraum", 1981; „Engel der Elegie", 1984; „macht Macht machtlos", 1986; „Vom Engel geführt", 2001. 1978 erster Lyrikpreis des Heidelberger Literaturvereins „Freies Forum".

Den Gedichten liegt ein dualistisches Weltbild zugrunde. Im Werk und Wirken, Willen und Wollen sollte Versöhnung angestrebt werden. Im Vordergrund meiner Dichtung ist das Wissen um die innere und äußere Schönheit des Menschen. Dabei nehmen Freude, Dank und Heiterkeit einen hohen Rang ein.

In Versen geht das Raetsel ein
(licitatio licitationis)

Vorsorgend nun, doch ruhig
stellen wir Matten und Krüge bereit,
binden die Trauben hoch:
Das Weitere ist unbekannt,
war und ist in diesem
trüben Himmel verschlossen,
wo ein weinrotes Licht gerinnt
und der Finkenschlag
bereits eisig anmutet.

Hier in diesen ruhigen, klaren Sätzen
verrinnt und verbrennt,
was ich nicht besitze
und dennoch verlieren muß:
Im Gleichgewicht vergangene
und künftige Zeit.
Wie dem auch sei, ich kam hierher,
Nachlaß unerkennbarer Zeiten,
glühe, warte.
Ohne ein Ende werde ich, der ich bin,
finde Ruhe in diesem leeren Licht.

Unversoehnt Versoehnt
(sanatio sanabilis)

Rot geht die Sonne schlafen,
in ernsten Schlußoktaven
klingt aus des Tages Freude,
und lose Lichter haschen spät
nach sich auf Dämmerkanten.
Schon sät Nacht Diamanten
in diese blassen Formen,
schenkt sich die Sonne
ins junge Grün
mit großen Lettern.

Trägt Frucht diese Wurzel
im kleinen Tod
über dem Scheitel.
Länger ist's Blut
als röteste Rosen
und kaum zu glauben.
Im Licht zerrinnt nichts,
dunkelt es tief bei Engeln,
in ernsthafter Drohung
kehrt wieder Gesang.

Mit Hand und Fuss
(assertio assertionis)

Im Raume
die Ruhe verwahrt,
Namen geborgen
aus Sternenscharnähe:
Hier blühen die Felsen,
dort atmet ein Stein
in der Träne Salz.

Am Glanze
einer Nähe Huld
reift Urgestein
aus Golde vor Freude:
Christ ist erstanden,
dies lucis
in pace.

Dies Ja
wie eine Hand
in Duft und Dank:
Eine Farbe im Frühling,
weiß Rosa – und Weißbraun,
fruchtbar erfüllt
von clementia aeterna.

Worte im Lichte
sind Tränen
aus der Wolke,
die ein Engel trug:
Von dem Grunde
mit Grund,
o Liebe.

HERMANN SCHNITZLER, Aachen, *1931, † 2002; er war bis zu seiner Pensionierung Holzkaufmann. Gedichte in mehreren Anthologien der Edition L, 1987 ein eigenes Gedichtbändchen.

Immer mehr Autoren lockt der anschwellende Literaturstrom; der Lyriker hat so gut wie keine Chance, einen dicken Fisch an Land zu ziehen.

Wenn du am Morgen

Wenn Du am Morgen
Deine Augen aufschlägst
geht für mich
die Sonne auf

Wenn Du am Abend
neben mir atmest
schlaf ich geborgen

Ich fürchte mich
vor dem Tag
der dunkel
und der Nacht
die schlaflos
bleiben wird

Die Schlafende

Meine Frau lächelt
zufrieden im Schlaf
die geschlossenen Lider
sperren mich aus
verbergen den Glanz
ihrer
himmelblauen Augen

Den aus vielen Jahren
gewobenen Mantel
der Vertrautheit
hat sie am Abend
mit ihrer Kleidung
an die Garderobe
gehängt

Uhr in schlafloser Nacht

Jeder monotone Pendelschlag
zerhackt
die schier endlose Nacht
in exakt
gleich große Stücke

Aufrüttelnder Glockenschlag
schmeißt stündlich
der nimmersatten Vergangenheit
die zerkleinerte Zeit
in den Rachen

Meines Vaters Kriege

Als Freiwilliger
ist er 1914
singend in den Krieg marschiert

Der Dank des Vaterlandes
war ein verkrüppeltes Bein
und ein fehlender Finger

Als er 1944
den Befehl
zum Schanzen erhielt
fand ich ihn weinend
in der Waschküche

Zwei Tage später
stand er lächelnd
im Türrahmen

Die Partei hatte
nicht einmal einen Spaten

Nach weiteren zwei Tagen
waren wir
befreit

Nur Biegsames

Wir wurden unterwiesen
allem zu vertrauen
was hart und gefestigt ist

Niemand verriet uns
daß nur Biegsames
überlebt

Als wir selbst darauf kamen
war vieles in uns
schon zerbrochen

Maikäfer flieg

Nur einmal noch
einen Maikäfer fangen

Ich ließe ihn
bestimmt nicht fliegen

Kein Vater
zöge mehr in den Krieg

Kein Pommerland
stünde mehr in Brand

Maikäfer
flieg nie wieder

WALTRAUT ULRICH, geb. 1935 in Berlin, lebt in Bremen; Ausbildung als Industriekauffrau; Lyrikband „Gegenlicht", Lyrik in div. Anthologien, Kurzprosa in Zeitschriften. Preise: 1995 Völklinger Sen.Lit.Preis, 2000 2. Preis „Sannio 2000", Italien.

Themenkompositionen, auch wenn mehrfach schon zur Aufführung gekommen, immer wieder verwandeln, um Klang und Bedeutsamkeit der Sprache vital zu halten.

Erwartungshaltung

Eines Tages
wird jemand von ihnen
wiederkommen,
der Mörike
oder der Uhland.

Eher noch sollte man sich
Herrn Storm zurückwünschen,
der – würden er oder gar
alle die Feder übernehmen –

modischer Metapherngeilheit
ein Ende und den Boden bereitet
für neue Veilchen im Moose,
zu begeistertem Beschreiben
des Waldgesanges,
Herz und Seele, ja selbst
das Wort Liebe
offen zu benennen

und ihn in schlichter Sprache
auf's Papier schreien
zu lassen:
Den Schmerz.

Schemenhaft

Ganz selten
nur noch
kommt mir dein Name
in den Sinn
und ein etwas erstauntes
aus Tiefen geholtes
'Ach ja' bringt mich
in die Nähe
deines Gesichtes

So deutlich aber ist
die Erinnerung daran
nicht mehr geblieben
auch nicht an
die Konturen die
meine Finger so gerne
nachzeichneten

Eine Zärtlichkeit war da
ich weiß es noch
glaub' mir
mein Denken an dich
hätte ich gern
behalten und auch
den kleinen
ziehenden Schmerz
wie in erster Zeit
rückschauend

Verloren an die Zeit –
wie schade

Wieder auf der Insel

Schreie der Möwen ringsum.
Ihnen selbst Melodie –
als Klagelied vielleicht ob
des Menschenvorkommens.

Westturm – von fern
sich in Erinnerung bringender
hochgereckter Finger –

einstmals Jugendherbergsaufenthalt.
Laut gelesener Eichendorff
in sonnenwarmen Dünen sitzend.

Das Finden einer Schwertmuschelschale
in trostlosen Entbehrungsjahren
Fragment einer Erfüllung fast.
Nur der Sand in den Schuhen störte –
damals

Sand dieser Insel in den Schuhen –
jetzt:
Bewahren wollen
für die noch bleibende Zeit.
Nicht auszuschließen,
dieses ist das letzte Hiersein.

Wieder

Lange noch
nach dem Sieg
der anderen
erweckten sie Panik –
Flugzeuggeräusche

Schleppende
Furchtverbannung hinter
reifender Zuversicht
und zögerndes Verwandeln
in Erfüllung
von Fernträumen

Seit einem
Septemberdienstag
unlängst

beim Nahen eines Luftfahrzeuges

ist das Atemstocken
von einst
aus vermeintlich
friedlichem Himmel
zurückgekehrt

Funnyface

Achtung,
Gegenmensch
aus Zielrichtung,
geschwind positives
Gesicht aufgesetzt.
Echt wirkendes Lächeln
einpassen,
„prima" sagen auf die
Wiegehtsfrage
und die Mimik am besten gleich
in dieser Position belassen,
vielleicht kommt
noch einer.

Dem Schrei aber schon
zu Beginn eins auf's
Dach geben,
sollte der sich
– wie es so seine Art ist –
entgegen jeglicher Drehbuchvorgabe
auf die Bühne
drängen wollen.

Engel

… und dass Soldaten
schließlich
keine Engel seien,
peitschte der zackige Ausbilder
den noch zaghaften Rekruten
entgegen.

Wohlweislich vermied er
zu erwähnen,
wie leicht aus
ausbildungsgestählten
    Soldaten
    Engel
    werden
    können.

*

Der Schwejk

Unverbrüchlich
für ihn
seine Verabredung
'nach dem Krieg um sechs'

Unvergessen
diese Worte

Unbeantwortbar
die Frage:
Wird es jemals ein
'Nach-dem-Krieg-um-sechs'
geben?

HARALD BUDDE, *1934, Berlin; Kameramann und Journalist; zahlreiche Romanveröffentlichungen, Lyrik, Dramen, poetische Spielfilme; mehrere Literaturpreise.

Die Poesie wird in mir nicht geboren, wenn ich es will, sondern wenn sie es will. Sie gleicht dem vergessenen Wort, das ein Zufall der Dunkelheit entreißt.

farbentag

vom orangewarmen kornfeld-abend
durch das nächtliche dunkelrot.
zu dir gewandert
in das eigelb-licht
des morgens

das ist grüne vogelfrühe
in einem blauen sommer

versuchen wir
die farben behutsam aufzulesen
zu sagen: sieh der junge tag wird
noch mehr leuchten für dich
und unsere liebe

für immer einkehren

blaue plastikengel mit roten flügeln
und von lachen versüßten zügen
am gelben himmel
wie brennende streichhölzer

schön sind sie vorübergehend
in meinem zimmer haben sie gewohnt
durch das offene fenster
sind sie auf und davon

mädchen mit köpfen von gänseblumen
fliegen hoch oben grüßen mich und
heben ihre röcke und ich sehe:
bunt ist die wiese wie
lodernde flammen

in dieses land möchte ich einkehren
für immer

du aber...

wald wächst in der nacht
das tal öffnet
den riesigen mund
flüstert und singt
nebel tanzen
zwischen bäumen
und sonnenfunken
stricken muster
in den himmel

du aber öffnest mir den tag
wo der stille weißer faden schwebt
gleich der riesennuß aus tönen
die klingen muß um zu leben

mit zartgrünen winzigen blättchen
der see singsang des morgens perlt
bis der vogelpfiff enthüllt die
rote frucht die
liebe heißt

C. A. WIERTZ, *1954; Bad Brambach. Diplom-Psychologin, Künstlerin. Diverse Veröffentlichungen (Fachliteratur, Essay, Gedichte); Ausstellungen von Bildern, Werkstücken und Fotografien.

Lyrik: Mit allen Sinnen sich öffnen. Erlebtes klären, Worte finden. Sich mit-teilen. Wenn es gelingt: eine Evokation von gewaltiger Kraft.

im zug

die frischgepflügten felder
liegen da wie weiber
mit aufgespreizten schenkeln
warm und lockend
wartend
auf den strom
von leben

ich fahre dir entgegen
mit meinem erdgeruch
atmender acker bin ich
unruhvoll
und dennoch
ohne hast

du kniest über mir
und präsentierst dich
aufgerichtet
machtvoll

mein ganzes selbst
liegt offen vor dir
wie mein schoß
den du dir forderst
aufgespreizt
und überquellend
von säften

ich bin schon so satt von dir
und doch noch hungrig
nach jenem letzten schrei
der im ergießen
zum flüstern wird

jetzt

halb bewußtlos schon
faßt du mich noch
und hältst mich fest
und sinkst mit mir
in einen sanften
tod

ich habe angst vor der
nacht wo die fledermäuse
kommen wenn ich allein
liege schlaflos reglos
um das schwarze untier
nicht zu reizen das
meine angst
bewacht

seinen atem spür ich im
gesicht und die schwarze
bleibekrallte pfote legts
mir auf die brust

kommt die dämmrung endlich
sehe ich mit bangen augen
dort im spiegel
nichts

grauen grauen denn das
untier in der nacht
bin ich selber wehe
morgen schon freß ich
mich vielleicht

GÜNTHER KRESSL, Dr. med., geb. 1934 in Leer in Achim; Maler, Grafiker, Lyriker; Augenarzt i. R. Veröffentlichung in zahlreichen Anthologien, Lit.-Zeitschriften, Rundfunk. Lyrik-Grafik-Preise. Mehrere Bücher, Grafik-Lyrikzyklen. Zahlreiche Einzelausstellungen im In- und Ausland. Dozent für Tiefdruck (Kunstschule, VHS).

Lyrik: Worte aus ihrem Bezug nehmen, sie entkleiden, schlafen legen; Träume zulassen; sie erwachen lassen aus langem Dunkel mit neuem Dunkel: behutsame Chiffren.

I

Rondeau triste

III

Eos

Nocturne

eene meene   meine
meine Sonnentrompete
schält die Monde mir von
schwarzer Haut   zerknittert
die welken Gespinste
aus Nervengeäst
stellt keusches Getue
in Frage   lächelt
dem scheuen Sänger
lockt ihn aus dunkle
Brunnen   voll Lust
Nachtgetrauer fällt
Spinne mit Kreuz
zum Opfer   Morgengabe
in Seide gewickelt
       Hautgespinst
Vollmondasche im Netz
ins wer – weiß – wo geschoben

   eene meene
so lange der Tag sich
weißkalkt   und vielleicht
wenn Libellen – Konfetti
sich abzählen lässt   im
schmelzenden Schatten

II

Mittags

Geweißter Schlaf
eene meene
sirrendes Atmen   sonst
ab – bist – du
in den Parks
auf den Bänken
aus dem Winter geschält
zählen Märkte
ihr frühes Geschäft
tritt ein Bettler Joghurtbecher
ins Stiefmütterchen – Beet
eene meene   Alte
streicheln Enkel ohne Ende
cappuccino
warmes Wundpflaster
naher Dom zählt Mittag ab
mit weißem Geläut
Libelle versiegelt
die Stunde

eene meene   ja
schon gut
ich sag nichts mehr
Straßenbahnen rattern
schwarze Rhythmen in
die großen Häuser
Sinfonien stimmen sich
aus dem Alltag geschält
schwarzfrackig ein
immer noch Warten
auf Godot
eene meene   immer
dieser Baum aus altem Papier
dann Wein dekantiert
rot und schon spät
das Augen Weiß
in den Ohren   was
Schönres von Trakl
schwarze Rhythmen   wieder
keiner steigt mehr aus
leg die Sonnentrompete
ins Futteral des Schlafs
endgültig
eene meene

JOACHIM ALJOSCHKA KREBS, geboren 1940 in Schlesien. Wohnorte: in München, an der Nordsee, in Südfrankreich. Publikationen: Lyrik (u. a. die Sammlungen „Landesgrenze", „Briefe aus Akkad", „Salzpiste"), Texte für die Bühne, Erzählungen, Essays, Rezensionen.

Lyrik, Magie des ursprünglichen Theaters, Signal – noch ohne Ausführung, Spieler, Schauplatz. Umgekehrt macht die Bühne der Metapher, dem Körperarmen den Raum.

Gärten

Als die Mauren ihre Gärten aufgaben
in Granada,
mussten auch die Juden fort
und andere ohne Heimat.
Danach kam nichts mehr,
was so war
wie das Stein- und Wasser-verschlungene
Grün,
tief drinnen
die Blüten, Vögel, die Nacht,
die schneeweißen
Rosen. Der Mond und die Schatten
der Sonne, das blieb,
und unter der Alhambra
manchmal Zigeuner. Granada
blieb, ganz Andalusien, ja.
Die Gärten als Erinnerung
leer. Leuchtende Regel
und Panorama,
aus dem die Sehnsüchte, filigran
wie sie waren, entflohen
und ihr Verheißen
der Ruhe
einen Morgen lang,
einen Nachmittag oder sogar
in der Nacht.
Du siehst auf die Eintrittskarten. Es ist
die richtige Stunde. Es ist der falsche Tag.

Nichts hat seine Zeit

Das Gras ist noch da.
Die Farben im Licht.
Lautlos durchstreifen die Blicke
Neandertal. Dulden
das Weiß.

Ein Funke genügt.
Dass ein Zeichen verglimmt.
Aus den Bibliotheken.
Im fast lichtlosen All.

Nimm das Ruder.
Ich nehme den Fallstrick.
Wir sind mitten im Film.
Die Spannung ist immer dieselbe.
Von den ersten, die sie nicht wussten.
Bis zu den letzten,
die sie vergaßen und starben.

Es ist Mittag. Wir werfen kaum Schatten.
Das Wasser der Newa steigt.
Die Fische sinken.
Aber wir haben das Ruder.
Und den Strick, für alle Fälle.
Das Licht flackert.
Es ist rissig, das Material.

Biotop

Langsam gleitet deine Hand
über das Heu.
Meine Schenkel, reglos
an deinem Arm. Die Luft
auf blauen Teichen knallgrün.

Ein leerer Himmel verbrennt
dein Gesicht.
Ich werde nackt an dir
wie gerade geschnittenes Gras.
Es ist Halbzeit.

WILLI VOLKA (Pseudonym), Dr., *1941; Promotion, Wissenschaftlicher Referent an der Akademie für Raumforschung und Landesplanung in Hannover. Veröffentlichungen: Lyrik, Prosa, Essays in zahlreichen Anthologien, Zeitschriften, Internetleseprobe ‚wortspiegel.de', H. 21 u. 22, Lyrikband, 'Biegung des Jahres – Seismographe'.

Ein Gedankenbild. Einen Bleistift. Einen Augenblick auf Papier gebannt. Weiter wandern Gedanken. Neue Eindrücke spülen weg die vorausgegangenen. Augenblicksimpressionen gefangen, schaffen erinnern. Geformte Seinsbilder, die im Entstehen beglücken.

Generationen

Nachgeborene
Schuljahrgänge,
die den Namen
der Stadt
VERDUN
nicht richtig aussprechen
können,
schreiben in Klassenarbeiten
Werdun,
Wermut,
damit das Abschreiben
nicht so auffällt –

Beim Sprechen von
STALINGRAD
tun sie sich leichter,
im Schulatlas
findet keiner
die Wolgastadt –

HIROSHIMA
hat überlebt
den Pilz.
'Der Tag danach'
atomisiert
unter Milliarden
von Folgebildern –

Nachgeborene
tragen blaue Anstecker
mit Friedenstaubenweiß,
ziehen ohrengestöpselt,
so als kennten sie
seit GORAZDE
genug
von der Welt.

Metroschrei

In gewisser Weise
habt ihr recht
auf der Rolltreppe
federleicht
über uns zu schweben,
während wir
am Boden rasten,
wir,
um uns ein
wenig zu erheben,
die Flasche ansetzen.
Seid so
eins mit euch –

Zu lachen,
auszulachen,
uns im Dreck
zu denken,
dazu,
nein dazu habt ihr
Plastiktüten raschelnden
Megakonsumenten,
dazu,
dazu habt ihr
nicht das Recht.
Seid doch
gnädig mit euch!

Passage

Feierabendmelodie
zur Erststimme steigt,
atmen Gläser
glanzperlend Noten
zum Dunst
der Laissez-faire-Zigarette –

Zittern
mit sanften Weisen,
Hocker,
schwirren Stimmen,
klirrend Scherben springen.
Still der Augenblick –

Worte spotten
Kehricht murmelnden Nichts.
Gleitend Finger
Noten hallen,
Evergreen
im Rauch des Nichts.

Morgen

Nachtigallenschlag
verblassender Nachteintrag,
Augenblei
glänzt herbei –

Stimmengeschwirr
im Dämmerlicht,
Kuckucksruf
den Morgen bricht –

Tropfen trommeln
transparent den Schlaf,
tränken grüne Gräser,
nährt das Schaf –

Rebengrün spitzgerändert
im taufrischen Sein,
reift in Kellern
letztjähriger Wein –

Gewecktes Leben
rollt in Adern
gerinnt
im neuen Tag.

Sommernacht

In Schrebergärten
stimmenreiche
gekerzte
Biergeselligkeiten –

Versunken,
Gefühle frei,
geherzt,
Schatten wanken –

Himmelszelt
gestimmt
mit Wonneschrei,
stille Sternenwelt –

Aufgeblätterte
Schulterhaut.
Nachtgetier im Licht
gibt flatternd Laut.

Wehmut

Wenn Schafe
Schneeflecke im Grün,
Gletscher
Sommersprossen tragen,
gebräunt sind, wie Haut,
die Berge in violettes
Himmelslicht getaucht –

Basalterstarrt,
alles versonnen ist,
dreht zeitverschoben
heller Horizont
salzsäumig
gedankenheiß ein Gesicht
zum Licht –

Finstert Gewölk
im blauem Zelt
das Sonnenrund,
regenglänzt Basalt,
glimmt auf
fernküstig
ein Bild –

Fast verloren
kalt gesetzter Fuß
den Flusslauf quert.
Gletschermilch
schaukelschnell
mit Tränensalz gemengt
zum Meere drängt.

AXEL GÖRLACH, geb. 1966, Wohnort: Nürnberg, 1988–1993 Lehramtsstudium, ab 1993 freies Studium der Philosophie und Literaturwissenschaft in Erlangen und an der Fernuniversität Hagen, Beruf: Grundschullehrer.

Wirklichkeit. Was ist das? Hier leistet das lyrische Wort Besonderes. Es perspektiviert und transzendiert, es singt offene Antworten auf offene Fragen.

Motorradgedanken

I

noch einmal dieses Jahr
süde ich die Räder ein
verneine die Krähenschollen
in den Spiegeln
und gleite
auf meinen Novemberflügeln
    hinaus
über die Alpen den Apennin
    dorthin
wo in hellen Bars
eine leichtere Sprache klingt
    dort
mische ich mich unter das Licht
bis ich nicht mehr sichtbar bin
    dort
trinke ich mich dem Meer in die Welle
bis ich nicht mehr ortbar bin
nichtmal als Punkt
einem Winter in Deutschland
dunkel kalt und
endlos lang

II

die Zeit fliegt
der Asphalt
der Olivenbaum

der Wind zieht
an den Schultern
vorbei

was kommt
    kommt unbestimmt
was geht
    geht umgedeutet
was ist
    ist eigentlich
    die Frage

nicht mehr

und nicht weniger

III

die Sonne sinkt
Orpheus' Lied
verstummt im rot
schlagenden Meer

am Strand sitzt Odysseus
der Ithaka verlor
– unwidersinglich –
und hört und schaut
ins ewig Bewegte

hier ist nichts leicht
und hier ist nichts schwer
    Wellen
löschen Gedanken
    Wasser
nimmt sich vom Sand
    …

einverstanden

Da kommst du also, letzter,
den ich anerkenne,
nichts in mir was widerstrebt,
setz dich her zu mir ich brenne
mir eine letzte an,
von Dichterhand gedreht.

Ein Gläschen, auch für dich,
von meinem kühlen Franken,
und eins auf die Unterwelt,
einen Klaren drauf, wir schwanken
dann einig übers – Prosit! –
kahle Knochenfeld.

Vielleicht ein Verschen noch,
frisch aus der Dichtermine?
Gell, das rührt sogar Freund Hein,
denn dichtend bin ich doch Rosine,
verdiene dichtend noch ein Weilchen
hier zu sein.

Geh jetzt also, letzter,
den ich anerkenne,
du kommst noch spät genug
zu früh und ich
so langsam ziemlich aus dem Takt, so
als Fakt ganz ohne Arte bist du –
Entschuldigung... – unästhetisch.
Ciao! Rette andre vorm Vergreisen.

Du wirst jetzt, großer Dichter,
endlich ganz poetisch
in die Narzisse beißen!

nehmt mein Winken

abends überlaufen
vom Festland des Tags
zum nächtlichen Meer
spielen im Priel
wohl auch mal schwimmen
zehn Atemstöße dem Mond

morgens aber wieder
gegen die Abdrift
Sand in den Kopf stecken
Schluck körnige Lethe
um wieder nach Lee
übern Kalender
landeinwärts zu knirschen

wandern die Dünen
nur einmal zum Wasser
wehen nur einmal
den Scheitelpunkt auf
dort läuft es vom Stapel
gezimmert aus Zetteln
mit Versen ab –
mit dem Bleistift
zusammengedichtet

heut
heb ich die Hand
mit der Flut
hoch
in den Wind

nehmt mein Winken nicht so schwer
habt's im Umdrehn schon vergessen
schaukle längst schon immer kleiner
auf die offne See euch
aus der Perspektive

ich weiß mein Untergang
wird keine Welle schlagen
mein Fehlen
in Salzluftsonnentagen
keine Zwischenfrage
im Flug der Möwe sein

doch solange hier und jetzt
Bilder sammeln sich im Segel
etwas an der Kompassnadel zieht
und die Nacht mit Fingerspitzen
eine Prise funkelnder Motive
mir ins Steuerruder streut

fang ich die Taue der Träume
mit den silbernen Enden
schreib ich der Dünung Bedeutung
ins endlos wiegende Schweigen

hpl LIEMANS, *1945, Komotau, jetzt Trier, Dipl.-Ing. Licht Leine, Gefahren-Quellen einstellen, Liebe und ein Schluck hpl, Anthologien der edition L und edition Trêves, LP Sternstunde-Elektrolyrik. Gruppen-Textarbeit Prof. Dr. E. Blattmann.

In meinen Gedichten verlasse ich den korrupten Alltag, schmiede mein Schwert, fechte mit Religionen, treffe im Park Philosophen auf meinem ureigenen farbig glücklichen Weg.

Königsberg – Kaliningrad
Kalininberg – Königsgrad

Pregel unvereiste Ader
gerefft das Segeltuch
faulgrauer Grund
schreibt skurrile Hymnen
Fahnenträger zerfransen im
Gezeitenwind

– Alle Macht dem Volke –

gestern siegreich Stilblüten
Deiner Unfehlbarkeit
dünsten zwischen
Stahlskelette betonverschmiert
heute korrupt
morgen wortwüsten
auf blutendem Pflaster

– Alle Macht dem Volke –

Treueschwüre lieben Waffen
auf bröckelnden Wegen
der Wind im Zentrum
tanzt um mein Floß

flugzeugfensterblick

wolkenheere gesichter fahl
falten gebirge polychrom
wundwinde wüstenrinde
heissluftmahnungen

pulspochendes strassenwerk
existenzkraft netzartig
kochende siedlungshaufen
polyandrie nachttagweise
wasserträger zeitlos
schweigsam gestern
morgen ohne orden
horchatome in mir

Le Broussey
Monastaire

e-mail für unsere
ahnen
klostermauern
senden äolus
sms
leiten in der nacht
begleiten gesänge
vor den altar

völker-verzahnung
sonntagskleid
reicht wortkarg
wein
schritte zueinander
klostergarten
schlaflos Du
am kreuz

unverbrannt
unsere hand

Arena Veronique

Frischbeton antike Mauern
und davor der
Ginkgobaum

ich will Wolken
unverbraucht fest
mit Deiner Seele feiern

Tanz der Verdi und Puccini
angereichert mitgelacht
dann stirbt Klang der
Körper leise
Montagues schon abgereist

die Arena wieder dürstet
während wir den Überfluss
noch in lauer Nacht
verdauen dankbar
mein Gericht vereist

harfenhände

auch du im
schattenmantel
sammelst
harfenhände

strandgut treibt
fischfang leidet

wortlos
stärkt der wind
sündige wünsche

wolkenfetzen verändern
es kocht der see
vertraut das weltenwandern
denn
regen im haar
erklärt ihr Ja

M – start

an ihren vollendeten
brüsten branden meine
such-wellen
feinsand im schritt
scham fächelt

zungen zerteilen
drei glühende wasserfälle
entlockt der trockenheit
berückende tropenblüten
handflächen gräser
wiegen feuchte abende

NIKOLA HAHN, *1963; Kriminalhauptkommissarin, wohnhaft: Rödermark/Hessen, www.nikola-hahn.de, Bücher: Baumgesicht (Gedichte und Kurzprosa), 1995, Die Detektivin, historischer Kriminalroman, 1998, Die Wassermühle, Roman, 2000.

Warum ich (auch) Lyrik schreibe? Gedichte sind/Gedanken/Wörter-Welten/Träumen, Wachen/Trauern, Lachen/Leben/auf den Punkt gebracht.

Wer glaubt schon an Geister

Immer schneller, höher, weiter,
Sekunden, Zehntel, Zentimeter.
Eine Handbreit auf acht Runden:
Sportsgeist wird gestoppt, vermessen.

Moderner Jogger, schicker Reiter,
schön und teuer muß es sein.
Sportartikel brauchen Kunden:
Sportsgeist möchte gerne prahlen.

Tausend für den Ball im Tor,
zehnmal mehr dem Mann davor.
Das Spiel im Court bringt Mille ein:
Sportsgeist läßt sich gut bezahlen.

Werbung prangt in fetten Lettern
auf T-Shirts, Schuh'n und Bandenbrettern.
Sport ist Geld und Geld ist Macht:
Sportsgeist wurde längst vergessen,

Geisterwahn wird ausgelacht.

Auch die guten Bürger

Sie lagen still
im grünen Gras
am Ufer des Sees.
Keiner sah sie –
wenn er nicht wollte.
Fernglasschauend
schimpfte MAN
und grollte.

Wohlig warme
Sonnenstrahlen
tanzten frech
auf ihrer Haut.
Schamloses Gesindel!
rief MAN laut.

Anstand, Ehre,
Pflichtgefühl:
Harter Kampf
im Sittenkrieg,
Ordnungsliebe
hieß der Sieg.
Fernglasschauend
stellt MAN fest,
daß das Gesindel
den See verläßt.

Wohlerzog'ne
Kinder lernen:
Auch die guten
Bürger baden
doch niemals nackt
sie tragen
unter Hemd
und Hosenbein
kleinkarierten
Heiligenschein.

Verlorener Traum

Ich sehe Häuserreihen, die
wohlgeordnet auf ehemals
grasduftenden Wiesen stehen,
Autos, die hupend über
einstige Indianerpfade rasen
und Edelrosen, vor denen
Gänseblümchen flohen.

Ich vermisse
Sumpfdotterblumen,
Buschwindröschen,
den Geruch feuchten Mooses
und das Gestrüpp, in dem die
Weinbergschnecken wohnten.

Wo ist die alte Brücke,
die zum Blumenschloß führte,
warum hat man
den Bach in Rohre gezwängt?
Wo blieb der modrige Tümpel,
aus dem wir Tiefseefische angelten
und wo das kleine Wäldchen,
in dem unser Hexenhaus stand?

Zurückgekehrt nach Jahren,
um eine Illusion ärmer geworden,
spüre ich Erleichterung,
in dieser Welt nicht mehr
Kind sein zu müssen.

Rattenberge

Draußen vor der Stadt wo
niemand seine Gedanken hat
schüttelt die
blankgewienerte Welt
ihr Staubtuch aus:
Asche der Zivilisation
bedeckt den Boden.

Zu vornehm um Schmutz
unter den Teppich zu kehren
verbrennen wir ihn:
Rückstände des Fortschritts
wandern rußend
über graue Wege
und rostige Schienen
die niemand sehen will.

Die Wohnung der Ratten
hat einen Stuhl
mit drei Beinen
vasengestorbene Blumen
Schachteln und Scherben
zerbrochene Teile einer
angeblich heilen Welt.

Es dauert lange
sagte der Lehrer
bis Berge entstehen.
Ausnahmen sind die Regel:
Draußen vor der Stadt.

Herbst

Bunte wilde Blätter fliegen
um die Wette mit dem Wind,
bleiben auf den Dächern liegen,
decken alles zu geschwind.

Dunkle schwere Wolken ziehen
träge über düstres Land,
Mäntel unter Schirmen fliehen
hastig vor der Regenwand.

Sturmböen rasen ohne Zügel
ungestüm durch Wolkenhügel,
Gras und Baum biegt sich und fällt,
fahle Sonne, graue Welt.

Jahreszeiten

Meine Liebe entsteht
im Frühling.
Erste zarte Knospen,
die ich nicht
zu berühren wage, weil
sie so zerbrechlich sind.

Meine Liebe wächst
im Sommer.
Rote Rosen in meinem Garten,
voller Duft und
Leidenschaft, die Dornen
mich vergessen läßt.

Meine Liebe braust auf
im Herbst.
Stürme zerfetzen
rosa Wolken am Horizont,
treiben Regenschauer
über sterbende Blüten.

Meine Liebe erstarrt
im Winter.
Gläserne Eiszapfen
vor gefrorenen Scheiben,
Mauern aus Eis,
die nie mehr brechen

– zwischen Dir und mir.

FRIEDRICH LORDICK, geb. 1929; Studium in Münster, München und Innsbruck: kath. Theologie, Germanistik, Rechtswissenschaften; wohnhaft in Zorneding bei München, Vors. Richter am OLG München a. D.; Veröffentlichungen in verschiedenen Literaturzeitschriften und Anthologien.

Bilder, Gefühle und Gedanken mit den Mitteln der Sprache so festzuhalten, daß andere nachempfindend teilhaben können, ist mir ein Bedürfnis. Es bereitet mir Freude und manchmal auch Ärger.

Vorfrühling

Die Berge
haben sich entkleidet,
liegen nackt und schön
im Kreis.

Der Wind
hat warme, weiche Zungen,
mir steht die Sehnsucht bis
zum Hals.

Ich geh
und hole mir zehn Deka
Zärtlichkeit aus dunklen
Augen hinterm Ladentisch.

März

Wenn der Schnee schmilzt,
irgendwann,
wirst auch Du wieder da sein,
blaß und schmal
im wolkenverhangenen Tag.

Wenn Du da bist,
kommen die helleren Nächte,
steigt auch der Südwind wieder
zu Tal,
und ich flechte
Dir seinen Leichtsinn ins Haar
und den Duft
von Flieder.

Passersteig

Heute beneide ich nicht
die Schwalbe, die blauschillernd
hochfliegt ins Licht.
Heute steige ich froh
durch die Blumenwiesen
hinunter ins Tal,
möchte ich gern
der gletschergeschliffene Stein
in der Passer sein,
auf dem Du dich ausruhst.
Wär' mir genug,
die wilden Wasser
zu teilen für Dich,
mein Kastanienmädchen.

Klassenfahrt

Unter dem Ansturm
der Wolken die Türme
von Xanten. Der Dom
schlug den schützenden
Mantel um uns. –
Auf dem Goldgrund
der Flügelaltäre
schöne Gesichter.
    Darunter auch Deines
    mit Heiligenschein
    und schelmischen Augen.
Der schlanke Jüngling am Tore,
dunkelgelockt, mit purpurnem
Wams und zierlichem Degen
wäre ich gern gewesen.
Hätte Dir Minnelieder zur
Laute gesungen, Brabanter
Spitzen geschenkt und einen
goldenen Reif aus Antwerpen.
Im Schnitzwerk unter den
Ranken der Wurzel Jesse
    Adam und Eva,
    die Nackten,
    die Schönen
    im Paradies.
Hellere Tage, unter die großen
Himmel gedehnt, bei Kalkar
und Kleve. Dort lagen wir
neben den Rädern im Gras
an den alten Armen des Stromes,
blinzelten schläfrig ins silberne
Flirren der Weidenblätter.
    Du teiltest mit
    mir den Apfel.

1987er Birkweiler Mandelberg

Es war falsch,
sich im Süden zu glauben.
Wir sind
im Norden.
Die Sonne allein
und die Mandelblüte
machen es nicht.

Freilich,
irgendwie fließt das Leben
dort leichter,
Frankreich schwappt
über die nahe Grenze.

Aber wir fanden
die Worte nicht
zueinander.

Alles,
sagtest Du
leise am Tisch
in die Stille,
ist anders geworden.
Keiner von uns widersprach.

Im Weingarten
schlug die Nachtigall.

Der Wein
indes
hat einen bitteren
Nachgeschmack.

Lamento

Aus ist's. Finito.
Statt Herzblut Tomatensauce,
statt Schicksalsverstrickung
Spaghettigeflecht,
aufgedreht Gabel um Gabel.
Hinuntergeschluckt.

Soll aber keiner glauben,
es täte mir weniger weh
als einem, der sich
auf schöne Sätze versteht.
Mir gab halt kein Gott,
was ich leide zu sagen.

Ich weiß nur:
verspielt ist verspielt.
Der Chianti, gereift
auf den Colli Senesi,
hilft mir nicht weiter.
Selbst Mozart
tröstet mich nicht. Erinnert mich nur
an andere Tage.

Jetzt liege ich hilflos
auf meinem Sofa.
Allein gelassen
im fünften Bezirk.

MARIANNE KAWOHL, *1945; Dipl.-Päd.; Psychol. Schriftstellerin. Über 20 Buchveröffentlichungen; Übersetzungen ins Finnische, Holländische und in die Blindenschrift; Beiträge auch in Rundfunk und Fernsehen; Vortragsreisen in viele Länder Europas; Verleihung der Verdienstmedaille des Landes Baden-Württemberg für ihre publizistische und bildungspolitische Arbeit.

Im Schreiben möchte ich meine Gedanken und Gefühle ordnen, sie festhalten und weitergeben zum Trost, zur Ermutigung, als Hilfe zum Leben und Glauben.

Immer noch

Du
Du bist
Du bist immer noch
Du bist immer noch Du
Und das ist gut

Ich
Ich bin
Ich bin immer noch
Ich bin immer noch ich
Und das ist gut

Wir
Wir sind
Wir sind immer noch
Wir sind immer noch wir
Und das ist gut

Immer noch

Erbaut einer den andern

Erbauliches ist heute nicht mehr gefragt
Erbauliche Gedichte
Erbauliche Bücher
Erbauliche Radiosendungen
Erbauliche Fernsehprogramme
Erbauliche Predigten
Erbauliche Vorträge
Erbauliche Gespräche
Viele rümpfen die Nase, wenn sie daran
    denken
Warum eigentlich?
Erbauliches baut doch auf
Abbauen
Zerstören
Vernichten
Geschieht auf dieser Welt genug
„Erbauet einer den andern!"
Eine wichtige Aufforderung!
Haben Sie heute schon jemanden
    erbaut?
Hat jemand Sie heute schon erbaut?
Wenn nicht, haben Sie nicht biblisch
    gelebt
„Erbauet einer den anderen!"
Ich dich
Du mich
Einer den andern
Erbauen
Aufbauen
Ein Kunstwerk gestalten –
Einer aus dem andern!
Nicht niederreißen
Nicht niederschlagen
Aufbauen! Erbauen!
Jeder – Jeden – Jederzeit

Wie gut

Als ER mich fand
Trug ich ein Schwermutsgewand

In Seiner Hand
Verschwand
Dieses Gewand

Aus dem Land
Was lange unbekannt
Ist die Schwermut verbannt

Wie gut, daß ER mich fand

Schmerzen und Leiden

Nein
Ich bin kein Masochist
Wenn ich sage:
„Nun freue ich mich in den Leiden,
    die ich für euch leide …",
Wie es in der Bibel heißt.

Ich suche keine Qual
Erstrebe nicht das Martyrium
Sondern lebe im Mysterium
Akzeptiere den Schmerz als Geschenk
    der Liebe
Aus Gottes Hand

Liebe und Leiden
Diese beiden
Gehören zusammen

Nein
Ich kann zur Erlösungstat Christi nichts
    hinzufügen
Aber ich darf Ihm ähnlich werden
Durch Trübsal und Traurigkeit
Über das Elend dieser Welt
So will und kann ich dazu beitragen
Gemeinde Jesu zu bauen
Dem heiligen Mysterium zu dienen
Im Schmerz der Seele
Im Schmerz des Leibes
In meinem Schmerz
Für DICH und alle
Aus Liebe zu SEINEM Schmerz

Weg

Gott
Der du Wege im Meer und in starken
    Wassern Bahn machst
Der du Wege in der Wüste bahnst
Der du alle deine Berge zum ebenen
    Weg machen willst
Ebne auch meinen Weg
Mit Jeremia klage ich:
„… er hat meinen Weg vermauert"
Kein Weg ist zu sehen
Wüste
Wasser
Mauern
Berge
Nur Unwege – Oder gibt es Umwege?
„Was uneben ist, soll ebener Weg werden"
Gott
Das ist dein Versprechen
Du kannst dich nicht versprechen
Laß meinen Weg gangbar werden
Laß ihn zum Ziel führen
Laß es dein Weg sein
Auf dem du mit mir gehst
Schritt für Schritt
„Weg" kommt über 500mal in der Bibel
    vor
Mein Weg muß Gott sehr wichtig sein
So bahn ihn doch
So mach ihn doch eben
Jetzt, damit ich gehen kann
Und das Krumme willst du richtig machen
Zeige mir deinen geraden, geebneten,
    gangbaren Weg
Du bist der Weg
Laß mich dich erkennen

Allezeit getrost

Welch ein Bekenntnis:
Wir sind getrost *allezeit*
Sind Sie *allezeit* getrost?
Ich leider nicht
Noch nicht
Aber ich will es werden, will es lernen
Ein Beispiel können wir uns am Apostel
    Paulus nehmen:
In allen Widerwärtigkeiten
In allen Anfeindungen
In allen Mißverständnissen
In allen Verfolgungen
In allen Angriffen des Teufels
In allen Schwachheiten
In aller Lebensmüdigkeit
In aller Todessehnsucht
War er *getrost allezeit*
Ihm war bewußt:
Wir wandeln im Glauben
Wir wandeln nicht im Schauen
Glauben macht getrost
Wer jetzt schon schauen will
Was noch nicht schaubar ist
Der kann nicht getrost sein
Getrost ist auch der
Der um Trost weiß
Trost liegt in dem Bewußtsein
Daß das Leben nach dem Tod
Schöner sein wird als das jetzige Leben
Das kann man nicht beweisen
Das kann man nicht erklären
Das muß man glauben
Das darf man glauben
Deshalb sind wir getrost allezeit
Sind wir wirklich?

BENEDIKT WERNER TRAUT, *1934, lebt in Gundelfingen/Breisgau. Bildender Künstler, Architektur, Plastik, Wandbilder, Glasfenster, u. a.; Einzelausstellungen im In- und Ausland, Autor zahlreicher Meditations- und Bildbände sowie Essays über „Wege zur Kunst – Wege zum Leben", Vorträge und Lesungen über Deutschland hinaus.

Schreiben ist für mich ein Weg, ein Prozeß der Inkarnation, der Gestaltwerdung des Wortes, ein Geborenwerden von Unbekanntem, ein Ins-Fleisch-Kommen eines Verborgenen, Verhüllten.

Existenz

Unser ganzes Menschsein
eine Weg-Existenz,
eine Zelt-Existenz,
Gehen und Bleiben,
elementare Seinsweisen,
scheinbare Gegensätze
greifen ineinander,
stehen in Beziehung,
bilden die Ganzheit
unseres LebensWeges.

Kein Weg ohne Zelt,
kein Zelt ohne Weg,
Weg und Zelt, Zeit und Raum
gehören zusammen.

Zelte sind Wegmarkierungen,
Ruhe- und Rastplätze,
vorübergehende Ziele,
schützende Zufluchtsorte
auf dem Weg.

Wege sind Verbindungen,
ZwischenStrecken
zwischen den Zelten,
zwischen Ankunft und Aufbruch,
zwischen Ankommen und Weggehen.

Beide brauchen wir,
den Weg,
in Bewegung,
ausgespannt zu bleiben,
das Zelt,
innezuhalten,
zu entspannen,
Kraft zum Neubeginn zu gewinnen.

Gehen und Bleiben

Im Wechsel von Gehen und Bleiben,
Innehalten und Vorangehen,
zwischen Weg und Zelt,
zwischen Ankunft und Aufbruch,
im Übergang und Durchgang,
in Raum und Zeit
geschieht unser Leben.

Den Weg brauchen wir,
um in Bewegung, lebendig zu bleiben,
die Welt außerhalb von uns
zu erblicken und wahrzunehmen,
um nicht stehen zu bleiben,
sondern voranzuschreiten,
zu wachsen und zu reifen.

Auf das Zelt sind wir angewiesen,
den bergenden Zufluchtsort,
die Hütte, das Haus, die Behausung,
um den Weg zu unterbrechen,
uns abzugrenzen vom Lärm des Alltags,
Abstand zu gewinnen von den Bildern
    dieser Welt,
uns erfüllen zu lassen mit neuer Kraft.

Kein Bleiben ohne Gehen,
kein Gehen ohne Bleiben,
die beiden Pole,
in denen unser Menschsein
seinen Sinn und seine Erfüllung
erfährt und findet,
ganz und rund wird.

Wüste

Heimweh nach Wüste,
das Leben lehrt sie neu,
befreit von allem,
Ewigkeit mitten in der Zeit
ergreift und verwandelt mich.

Unendliche Weite der Wüste,
weites Reich des Lichtes,
meine Kleinheit darin,
ich bin leer und nackt,
abhängig und angewiesen,
alles zu empfangen,
die gewohnten Maßstäbe
loszulassen, zu verlieren,
dem Geheimnis der Wüste
mich zu überlassen, auszuliefern,
der Leere auszusetzen.
Ich muß mich anpassen,
sonst gehe ich zugrunde.

Wüste – Ort der Kontraste,
Hitze und Kälte,
Licht und Schatten,
Stille und Sturm,
Sternenzelt und Sandmeer,
Orte in mir.

In die Wüste muß ich gehen,
in ihr unterwegs sein,
mir selbst begegnen,
zu mir kommen,
mich selbst erfahren,
Gegensätze in mir
versöhnen und verbinden,
die Wüste in mir
zum Blühen bringen.

ZeitReise

Vergangenheit und Gegenwart und
    Zukunft

Unter ihren Bögen läuft mein Leben
Durch die ZeitenMeere,
Fährt mein kleines, großes LebensSchiff
Durch die Gezeiten hin.

Vergangenheit liegt hinter mir.
Die Zukunft legt sich vor mir auf den Weg.
Ich stehe in der Gegenwart.

Ich war einmal Vergangenheit.
Ich rühre an die Gegenwart.
Ich gehe in das Künftige hin.

Vergangenheit und Zukunft,
Polare Zeit, polare Form,
Die Welt ist Staub und Neugeburt.

Er•innerung: an atmende Vergangenheit.
Er•fahrung: berührt den AugenBlick.
Er•wartung: wie die Zukunft tönen soll.

Das Gestern reicht zurück
Zum UrAnfang vom WeltAufgang,
Ist RückBlick in den WeltenDrang.
Das Heute schenkt den DurchBlick mir
Zu allem LebensGang.
Der Morgen öffnet seinen
Blick zum HoffnungsHorizont.

Die Zeit durchpulst das All.
Der Himmel atmet aus und ein
Im Kreise der Unendlichkeit,
Und alles sammelt sich in einem Nu.

Ich will den Zeiten in die Gründe sehn.
Ich darf das Jetzt erfahren.
Ich muß im AugenBlick dem Tode wider-
    stehn.

Du Gegenwart, du Mitte meiner Zeit,
Du ewiges Jetzt,
Du AugenBlick gesammelter Unendlich-
    keit,
Du Leuchte meiner Ewigkeit.

Du leuchtend heller, lichter Spalt,
Strahlst Licht in meine Dunkelheit
Und Ewigkeit in meinen AugenBlick.
So steht in einem Nu die Zeit.

Ich Menschenkind bin Schnittpunkt
Zwischen Zeit und Nichts und Ewigkeit.
Ich bin die Brücke aller Zeit
Und mache mich zum Gehn bereit.

Mein LebensWeg ist eingebettet in die
    Zeit,
Ein DurchGang durch die ZeitenFülle.
Der AugenBlick ist HimmelsGnade,
Ein Weg zum Wachsen und zum Reifen
Noch auf dem LebensRade.

Die Zeit ertönt als Melodie in meinem
    Leben.
Ich steh am Fluß der LebensZeit.
Das schmale, lange LebensZelt,
Ich schlag es auf, ich schlag es ab
Und leg es bald zur Seite.
Der Reisende trinkt seine kurze Zeit.

Die Spanne zwischen Jetzt und Tod
Ist Anfang, Zeit, Unendlichkeit.
Im Tod stürzt alle Zeit.
Der Tod stürzt in die Ewigkeit,
In offnen Raum, in blendend Licht.
Ich bin es noch, ich bin es nicht,
Und alles wandelt sich in GottesLicht.

In deinen Händen, Herr,
Steht alle meine Zeit,
Du Schöpfer aller Herrlichkeit.
Ich bin schon unterwegs zu dir
Ins lichte Licht der VaterEwigkeit,
Du schenkst es mir.

GISELA CONRING, lebt in Emden. Sekretärin. Vorsitzende „Arbeitskreis Ostfriesischer Autoren", Mitglied mehrerer Autoren-Verbände. Vier Lyrikbände, zuletzt: 2000 „Keine Falte meiner Zeit würde ich ausradieren", „Qualmende Schlote", Biografie 1994. Div. Anthologien. Seit zehn Jahren bei den Freudenstädter Lyriktagen. 2001 acht Sendungen bei Radio Ostfriesland. Literatur-Telefon: Oldenburg, Trier und Aurich. Lesungen.

Gedichte sind Gedanken, die aus Freude, Not und Mitgefühl ein zartes Gespinst weben, das federleicht in des Lesers Seele Platz zu nehmen vermag.

Du

Hab' Dank für
dieses Gespräch
Deine Worte
streichelten
zärtlich die
dunklen
Gedanken
hinweg

Ich lege mein
Gesicht in deine
schützende Hand
spüre den
leichten Druck
deiner Finger
und fühle

mich verstanden
geborgen
ich weiß, nichts
kann mir
geschehen
solange du
da bist

Zwiesprache

Wenn Augen
an dir
vorbeiblicken,
bleibt dir
das Wort im
Halse stecken.

Nichtigkeiten
bestimmen das
Gespräch.
Niemand sieht,
wie du den Kaffee
mit deinen Sätzen

hinunterschluckst,
das Wiegen der Äste
beobachtest; und
mit dem Vogel im
schaukelnden Gezweig
Zwiesprache hältst.

Ein Seufzer noch

Die Nacht,
die nie
enden will.
Schwarz, drohend
zeigt sie
die Stunden an.
Rüttelt
an verschlossenen
Erinnerungen,
kurbelt an:
Herzschlag –
Gefühl.

Dann der
lichtschenkende
Tag.
Alpträume fließen
in die Truhe
des Vergessens.
Ein Seufzer noch –
und wieder
EIN MORGEN.

HANS EHRLICH. Geboren 1931 in Kuchen, Kreis Göppingen, lebt in Ketsch. Nach dem Abitur 1951 Sprachstudien in Stuttgart, ab 1953 Studium der Rechtswissenschaft, der Germanistik, Philosophie und Geographie in Heidelberg. Rechtsanwalt, Journalist, Schriftsteller. Seit 1989 Professor (USA) ehrenhalber.

Nur was der Mensch nachgestaltet, ist für ihn tatsächlich in der Welt. Das berühmte Wort des Descartes abgewandelt könnte ich sagen: „Ich schreibe (male, komponiere; denke nach), also bin ich".

Der andere Schiffer

Auf roter Welle zieht mein Kahn;
Wie einer, der die Bahn
Viel besser kennt als ich,
So wiegt er leise durch die kalte Nacht.

Am Steuer steh' ich, eine Fackel
In der schwarzen Nacht,
Und nicht allein; ein Andrer wacht,
Der auch ins Ruder griff.

In tiefen Perlen rollt die Zeit
In meine Flut ...
Ich träume, und er steuert gut
Das weiße Schiff.

O dieser Herbst

O dieser Herbst!
Gelockert fallen die Blätter,
Wissen in sich
Die unsterbliche Lust am Werden,
Das da schreitet
Durch das Tor des Vergeh'ns.

Buntes Leben des Innern wird Außen,
Schönheit strömt
Durch die sterbliche Hülle hervor.

Mondnacht am See

Mondlicht über'm See
Webt sein silbern' Spinnennetz
In das Röhricht ein.

*

Hundstage

Hundsstern wird von der
Sonne verdunkelt. Leise
Reift Korn unter'm Mond.

*

Mondlicht im Herbstwald

Mondschein auf Wipfeln
Der Fichten. Früher Schnee im
Nachtdüsteren Wald?

*

Mondhorn

Untergegangen
Des Mondes Horn. Nach glimmt es
Im Kirschbaumgezweig.

HANNELORE WOLFF, *1929; Duisburg. Musik- und Gesangsstudium, Fremdsprachenstudium, Dolmetscherexamen, Studium der Literatur/Sprachwissenschaften und Philosophie an der Universität Duisburg. Seit 1987 freiber. Übersetzerin. Gedichte: Selbstreflexion, Zeitkritik (pol./sozial) und Thematik aus übergreifenden Bereichen. Publikationen in zahlreichen Anthologien.

Lyrik ist mir begleitender Schatten und erschließender Quell. Lyrische Sprache eröffnet Tore zu höheren Sphären; sie ebnet mir Wege in eine erhabene Gegenwelt.

Trunkene Ziffern

Nur wenige der Augen-Blicke
Zählt das Zifferblatt.
Die randerfüllten,
Mit ritardandisch
Großmütigem Pendelschlag.

Nur wenige ihrer
Sprengen den Rahmen,
Narkotisieren den Zeiger,
Verträumen den Umlauf
Auf trunkenen Ziffern.

Nicht unbedacht

Manchesmal
Sind Augenblicke unbedacht.
Bedenkenlos
In Räume gestellt,
Achtlos geworfen.
Bis ein andrer trifft –
Nicht unbedacht
Vorübergleitet

Durch schweigensträchtgen Raum,
Worteschwer.
Ausgeblichne Traumesfarben
Duften zu leise
Unter trächtigen Schatten,
Wehenreich gewölbt,
Wahrnehmensscheu umhüllt.

Bunte Nachtbegleiter
Leuchten unbegrenzt
In wechselreichem Farbspiel.
Obscurgetrübte schauen enthofft
Durch sanften Nachthauch.

Übergänglich

Übergang ist jeder Schritt.
Über Stege, Brücken, Grenzen,
Hinüberführend zu Verheißung,
Erwartung oder Illusion.

Übergänglich ist jeder Pfad,
Schritte kaum vernehmbar,
Absicht nicht erspürend.

Zerfließt doch jede Spur
Im welken Sand –
Jeder Schritt ist Übergang.

PETRA-MARLENE GÖLZ, *1963, lebt in Worms; Eventfloristin und Lyrikerin. Veröffentlichungen in div. Anthologien und Kunstkalendern. Zahlreiche Text-Netzaktionen mit bild. Künstlern, zuletzt bei dem Blickachse-Kunstforum in Worms; eigener Lyrikband „ReiZverschluß".

Mein Schreiben ist ein kreatives Muster-Gedanken-Bilder-malen, Sprache und Worte sind Mittel der Kunst, Lyrik ist für mich (m)ein Lebensmittel.

Lyrik los

ich bin geflogen
heute nacht
dicht
an der wahrheit meines traumes
hab ich gewendet

das blatt auch
hab begonnen
neu zu schreiben

zitternd vor ehrfurcht
wollte ich
dem engel der dämmerung
einen poetischen flügel
reichen

doch der verbriefte meine worte
und ich
verbrannte sie
im letzten kerzendrittel

Neuwort

Ich suche ein Wort
zwischen
mögen
und
lieben.
Vom Gefühl her lüste ich dich.

Ich rede mit meinen Händen
auf dich ein.
Ich beschreibe mit meinen Füßen
nackte Tatsachen.

Küss mich.
Küss mir die Atemlosigkeit
in meiner Münder.

Herze mich.
Herze mir deine Körperlichkeit
in meine Haut.

Lüste mich.

Judenfriedhof (in Worms)

Auf dem heiligen Sand
ein sanfthügeliger Weg
durch geneigte Steintänzer.
Versunkene Seelenplätze
tragen Sternmoos am Fuß.

Lindenhauben schatten Ruhe.
All die süßen Kinder
leuchten als Stern –
oh David.

Ich lese deinen Namen
zeichne mit meinem Tränenfinger
die Sandsteingravur nach
und bete mein
katholisches Amen.

KATJA STEHLI-CHRISTALLER, *1925; lebt in Stuttgart. Studium der Germanistik und Anglistik, berufstätig in Ministerien, in einem Verlag und zuletzt in der Württ. Landesbibliothek in Stuttgart. Veröffentlichungen: „Schattenstufen" und in Anthologien. 1983 erhielt sie einen Preis der Stuttgarter GEDOK.

Die Lyrik bietet mir die Möglichkeit, meine Gefühle, meine Hoffnungen und meine Ängste auszudrücken; so kann ich mich auch anderen Menschen mitteilen.

Tage des Lichts

In den Wäldern
so sagten sie
glühe das Licht
in Gelb
in Rot
in Braun
ein milder Wind
wehe von Zeit zu Zeit
und lasse die Blätter
zu Boden sinken
sie spürten
so sagten sie
eine große Freude
und eine leise Trauer
die Wandernden
in den Wäldern

auch ich höre den fernen Wind
und rieche den Wald
aber das Licht
ruht nur auf meinen müden Händen.

Kirchenkonzert

Der Engel
in meiner Kirche
segnet den Abend
seine Hand
leuchtet im letzten Abendlicht
Choral und Orgelklang
schwingen empor
hinter den bunten Fenstern
mit alten Geschichten
beginnt die Dämmerung
mein Leben wird fern und klein
ich bin geborgen

Das Schicksal

Heut' zur Nacht
ging wieder
dein Schritt durch mich
bin erwacht
Gefieder
deines Kleides
streifte mich
verrauschte
in Dunkelheit
spürte dich
und lauschte
nach deinem Gang
voll Bangen
fremder Lust
befangen
doch bewußt
erahn ich dich

ANGELIKA C. M. JUNK, geb. 1946; lebt in Gengenbach. Vertreten in Anthologien und Zeitschriften.

Meine Gedichte spiegeln Begegnungen, Berührungen, Berührtsein. Ich bemühe mich um Kürze und Prägnanz, was öfters dazu führt, daß ein Stück Rätsel „stehen bleibt".

Siehst du den stahl
glanz walzglatten
spiegel des sees
gleißender plan

drunten leben die Welse
aufsässig und alt
von moorleich
partikeln gestorbenen
graswurzeln samen
von fröschgetier

doppelt gespiegelt keine
fata morgana

Endlich
perlt
strömt
kräuselt der fluß

Wie durstig war ich
wie verlangte mich nach reinigung

Nun ängstige
ich mich
nicht
vor stromschnellen

*

Rosa rugosa

Die linde knospe
gebrochen vom
busch am schußsteilen hang
absichtlos zwar
aber endgültig

innen mattzartes
rosenrosa ein wunder
werk und war doch nur
da von meinem
rücksichtlaunigen
arm
zerstört zu werden

Behütet

Die gelbgoldenen mützen
der tibetischen mönche
passen nicht

gehe zurück
in deinen umfangenden garten
wo du den eisenhut holst den
blaugiftigen der
dir zugetan ist
der sitzt
auf deinem kopfe
heiter grüßt er schon
zwischen den ringelblumen und
der zündenden nachtkerze

und du huschst rasch
in seinen samten
bergenden schutz

KOLOMAN STUMPFÖGGER, Ravensburg, *1926; Gedichtband „Wenn Sonnenblumen die güldenen Zeiger drehen", Oberschwäbische Verlagsanstalt Ravensburg, 1996. „Wasser alleine löscht nicht den brennenden Durst", Eigenverlag, 1998.

Manche Wirklichkeit, manches Ereignis, manches Bild möchte ich in Worte fassen, keines austauschbar. Festhalten ohne festzuhalten. Zulassen, daß sie mich formen.

Wortlos

Wenn alle Worte gesagt sind,
sprechen die Hände,

berühren das Haar,
gleiten über die Schulter,

wecken die Knospen,
wölben sich über die Hügel,

sinken auf die Lenden,
bleiben auf dem Haarsaum liegen.

Heimwärts strebt die Sehnsucht dann,
gelangt zum Ziel, in tiefem Glück.

Einsame Wanderungen

Wer zur Auszeit
in der zweiten Heimat weilt,
will sich wiederfinden,
braucht die Stille,
die Stille der Bergwelt.

Wer in der Herzensheimat,
in Truden, vor Fieber glüht,
braucht Wadenwickel
und eines Freundes Hand.

Wer auf einsamen Wanderungen
vor Liebe lodert,
muß Geduld im Rucksack tragen,
braucht einen starken Stamm
mit dichten Jahresringen,
sich anzulehnen.

Wer dennoch
für Betrübte in der Not
trostreiche Worte findet,
aus der Ferne
Schmerzen lindert,
verdient den Himmel.

Den Himmel auf Erden
inmitten von Blumenwiesen
wo Enzian und Orchideen
die Wege säumen,
und die Alpensoldanellen
die Schritte zählen.

Geh einsam
den Weg,
geh ihn
für dich alleine!

Auf Rügen

Welchen Zweck
hätten Tafeln
landauf, landab,
hielten nicht zahllose Hände
Kreide
in den Fingern?

Schulden,
längst getilgte,
neue,
anzukreiden,
woher nähme man das Gerät?

Was wäre,
wenn man wüßte,
welche schwere Lasten
kreidebleich Erblaßte
auf ihren Schultern tragen?

Womit malten Maler
vor dem Tor der Liebsten
Herzen
auf das Pflaster?

Weiße Höhen
auf der Insel
ragen aus der See,
Geschenk der Schalentiere,
Mitbringsel aus der Urzeit:

Kreide auf Rügen.

Die Seerose blüht

Käme mir
der Sehnsucht Ziel,
spielte ich das Ratespiel.

Zeichnete mit Fingern
weiße Blättchen
um die dunklen, runden Taler,
ließe Margeriten blühen.

Auf dem Hügel links die Eine,
die Zweite auf dem Rechten.

Begänne rundum zu zupfen,
fragen Blütenblatt um Blütenblatt:
Liebst du mich?

Zur Aussaat die Furche vertiefen,
Rohrkolben am Ufersaum pflanzen;

im Teich blüht die Seerose auf.

Sommerduft

Nicht nach Rosen riecht es,
nicht nach Nelken.

Satt riecht es nach rotem Mohn
und welk nach Kornblumenschnitt.

Nach gedroschenem Getreide,
kahl nach Stoppelfeld,
es riecht nach güldenem Roggenstroh.

Nach Licht riecht es,
es riecht nach kurzen Schatten,
riecht nach sonnengesättigter Luft.

Noch füllt der Duft von reifen Trauben
nicht den Atem
und nicht von herbem Laub der Nuß,

jetzt,
in des Jahres Mitte.

Die Iris blüht

In mein Blumenbeet
vor dem Fenster,
wo Tauperlen glitzern,
stecke ich die Knolle.

Wenn Lanzenblätter sprießen,
schlank dem Himmelblau
entgegen streben,
schwellen Knospen.

Am Morgen
schau ich das Wunder:
Die blaue Blume blüht,
tränkt meinen Blick.

Die Schönste
hat sich mir entfaltet;
die Wunderblume in Blau:
die Iris blüht.

MARGIT BACHLER-RIX

MARGIT BACHLER-RIX, *1919. Lebt in St. Wolfgang/Salzkammergut. Journalistin. „Die klingende Stadt", eine lyrische Liebeserklärung an den Wolfgangsee u. a. Goldenes Verdienstzeichen der Republik Österreich. Goldenes Ehrenzeichen der Marktgemeinde St. Wolfgang, Ehrentitel Konsulentin u. a.

Lyrik ist für mich der Text zur Lebensmelodie.

Zuversicht

Auf den Trümmern dieses Tages
Baue ich mir eine neue Welt,
Voller Licht und Liebe.

Auf den Trümmern dieses Tages
Baue ich mein neues Haus,
Voller Zuversicht.

Auf den Trümmern dieses Tages
Werde ich wieder einen Anfang setzen,
Mein Leben überdenken und auf Dich
   warten. –

Geraldine

Sie stand hinter dem Gartenzaun,
Schön wie ein heller Frühlingstraum.
Blüten umrahmten ihr zartes Gesicht,
Freundlich beschienen vom Sonnenlicht.
Ein Fremder, der langsam vorüberging,
Fragte bewundernd: „Wie heißt Du,
   mein Kind?"
„Geraldine, mein Herr", sagte sie leise.
Ihm waren die Worte verklungene Weise
Aus lang entschwundenen, frühen Tagen.
Er wollte das Mädchen weiter fragen
Und blickte lang' in ihr stilles Gesicht,
Doch ihre Augen sahen ihn nicht.
Sie berührte die Blüten mit tastender
   Hand.
Da hat er sich still zum Gehen gewandt. –

Hoffnung

Schließe die Augen
Und schau' in Dein Herz,
Laß' es von Wahrheit künden.
Höre von Liebe und Lachen des Glücks.
Du wirst bald heimwärts finden.

Lausche der Stimme,
Die in Dir wohnt
Und sicher Dich geleitet.
Vertraue Dir und Deinem Weg,
Den Sehnsucht Dir bereitet.

Dein Hoffen trägt Dich
Durch die Zeit.
Es läßt Dich wieder glauben.
Schau' unverzagt nur in Dein Herz

Und schließe froh die Augen. –

Liebeserklärung

Wer geliebt, kann nie vergessen,
Wer vergißt, hat nie geliebt.
Wer geliebt und doch vergessen,
Hat vergessen, wie man liebt.
Solltest Du auch mein vergessen,
Nimmst Du mir der Sonne Licht.
Kann vergessen Dein Vergessen,
Dich vergessen kann ich nicht. –

Mein Garten

In der Tiefe meines Gartens
Weiß ich mich stets gut geborgen,
Hänge meine trüben Sorgen
Wie ein Netz in das Geäst,
Wo der Wind es schwingen läßt.
Fein gesponnen sind die Fäden,
Die sich stets auf's neu verweben,
Aus Gedanken, Wünschen, Träumen
Nistet es in dunklen Bäumen
Als ein Teil von meinem Ich.
Seltsam fremd
und doch für mich.

In der Tiefe meines Gartens
Spüre ich die Zeit verweilen,
Nicht mit lauten Schritten eilen.
Sanft verrinnen hier die Stunden.
Oft schon habe ich gefunden
Was ich längst verloren glaubte,
Da der Lärm die Ruh' mir raubte.
Unterm grünen Blätterdach
Hänge ich Gedanken nach,
Manchmal leicht
und manchmal schwer,
Wie der Duft rings um mich her.

In der Tiefe meines Gartens
Kann ich Angst
und Leid vergraben,
Brauche mich nicht zu beladen
Mit des Tages Zentnerlast.
Suche mir zur stillen Rast
Eine Bank am Regenteich,
Wo die Vögel märchengleich
Harfenhelle Lieder singen
Und Libellen tanzend springen
In den Abend dämmerweit.
Inseln der Vergessenheit.

ROSWITHA BORN, geboren in Heidelberg, nach längeren Aufenthalten im Ausland wohnhaft in Dortmund; Schriftstellerin, Theaterarbeit, Lyrik.

Lyrik ist Lebensfaden der Sprache. Lyrik muß den Worten auf die Füße helfen, Begrenzungen aufheben und sich wehren gegen „Falschmünzerei", damit sie frei schwingen kann, um auszuloten und wahrhaft zu benennen.

Bodenprobe

Barfuß die Welt durchwandert,
keine Unschuld gespürt unter
den Füßen

Mit bloßen Händen aufgebrochen
die Erdkruste,
freigewühlt Schicht um Schicht,
seit aller Menschen Anfang mit
Blut und mit Toten bestellt –

Wer schreitet dort
wie ein sorgender Sämann
Oh, Kain,
daß deine Saat verrecke,
die nur den Keim des Tötens
in sich birgt –

In jeder Krume Sein
nistet Trauer, urerfahren
Ist sie Gewohnheit schon
streift man sie über
mit dem Weibergewand –

Trauer den Frauen,
Geschichtsbüchern Opferzahlen,
Grenzverläufe,
immer wieder umgeschrieben und
fortgesetzt vom Krieg –

Zeitenlauf

Predige mir nicht
zu deiner Zeit war alles besser
Predige mir nicht
du hättest alles im voraus gewußt
Jammere nicht über das
was du nicht gehabt hast

Fühlst du nicht Wiederholung
Lebenslicht glänzt oder verlischt
in Geschichtsgezeiten

Reduziertes Bewußtsein
vegetiert zwischen Fast Food
und Bildschirmen
Das haben wir uns erarbeitet
in dieser Zeit,
die irgendwann auch die bessere
gewesen sein wird

Und Weihnachten

Woher die Liebe nehmen
für dieses Fest
In Einkaufstüten ist
sie nicht zu haben
Wird auch nicht über
Ladentheken gereicht
Exakte Verpackung mit
glänzenden Schleifen
benötigt sie nicht –

Dort wo Bitternis keimt
über Hoffnungslosigkeit
Mensch sich selber nicht vertraut
Judas Küsse Gewohnheit
volle Hände leer
im Hass im Krieg im Frieden –

Woher die Liebe nehmen
für dieses Fest,
gleichmütig sich belächeln lassen

Festhalten die bunten
daunenleichten Kinderträume
Atemloses und wonniges
Glück eine Spur nur
bewahren im Herzen,
Und Hände und ausgebreitete Arme
haben für Jeden
der geworfen wird,
auf dass er nicht unendlich falle –

Damit Weihnachten
noch immer Freiheit für
das Gute und Liebe und
Vertrauen für uns alle
bedeutet
    Dass Licht werde

Lebensart

Totenstille wird sein in der Welt
ist genug um Leben gefeilscht
ist ausgesondert Nichtwertesleben,
freigegeben zum Töten

Irgendeiner bestimmt die Regeln,
schreibt fest die Lebensnorm
Irgendwann sitzen alle über jeden
zu Gericht, zählen einander aus,
und Bestatter nehmen flüchtig Maß

> Leicht erreicht sich
> ohnmenschliches Ziel
> Sind zwei noch übrig
> ist einer zuviel –

Matthias hat Pläne für sein ganzes
Leben; er lebt glücklich auf seine
Weise.
Matthias ist querschnittsgelähmt –

Grenzfälle

Sichtbare Grenzen sind oberflächlich
abgeräumt
unterirdisch wurzelt Stacheldraht,
wuchert herüber hinüber
krallt sich tief in das Land, schont
nicht dein Fleisch,
trinkt Blutzoll
Welche Generation wird die Stacheln
herausziehen
das Blut stillen
das Land befrieden

Ein weites Feld

über
ein weites Feld
schlachtengeprüft
untergepflügt das Erinnern
neu bestellt
mit Gleichgültigkeit
und ungenießbaren Parolen
die wir ernten
wie reifes Korn
ihre leeren Spelzen dreschen
und das Gewonnene bewundern
wie des Kaisers neue Kleider
und damit Seiten bedrucken
um davorzusitzen
wie Analphabeten

KARL-ADOLF GÜNTHER, Prof. Dr., *1950 in Frankfurt am Main. Rechtsanwalt, Notar und praktischer Psychologe. Lebt mit seiner Familie in der Nähe von Aschaffenburg.

Beruflich konfrontiert mit streng rationalen Vorgaben, ist Lyrik für mich das Medium zur Umsetzung nicht vernunftorientierter Gedanken, also all dessen, was emotional als Freude oder Traurigkeit, Hoffnung oder Verzweiflung, Glück oder Angst durch zärtliches Flüstern, aggressive Schreie oder leise Zwischentöne auf mich einwirkt. Nicht alles läßt sich neu denken. Manchmal finden sich in meinen Gedichten Erklärungsansätze westlicher und östlicher Philosophien. Oft schreibe ich sie auf Reisen, meist spontan als Reaktion auf aktuelles Erleben oder Empfinden.

September 01

Weltverloren, weltvergessen,
himmelsfern, nur Hoffnung nah
und vom Glauben fest besessen,
daß der Geist das Leben sah
und das Schicksal hier auf Erden,
das er schuf und weiter schafft.
Niemals durfte blind er werden!
Mit dem Zutrau'n flieht die Kraft,
mit der Kraft, das was uns bindet
an ein göttlich höh'res Sein,
und die Katastrophe findet
machtlos uns, mit uns allein.

Rot

Rot ist *Anfang*, rot ist *Ende*,
wie uns zeigt der Sonne Lauf:
sie ist spät am Firmamente
rot – erneut rot geht sie dann auf.

Rot im Leid schließt sich die Bahn,
färbt die Menschen und das Leben,
ist Fanal für Willkürs Wahn,
Macht, Gewalt und sinnlos Sterben,

reizt als Tuch das wilde Tier
schnaubend durch den heißen Sand,
tränkt ihn für der Menge Gier
rot beim Tod von Degen-Hand.

Aber ist auch Licht der Liebe,
malt Gefühl, Glück, Lust, Erbeben
und gebiert den Menschen wieder.
Rot ist *Sterben*, Rot ist *Leben*.

Sand

Oft sahst Du die Zeit verrinnen
an dem Sand in Deiner Hand,
als Du – Freiheit zu gewinnen –
lagst am fernen Meeresstrand.

Lerntest an den Ruhezeiten
daß, so hart sein Korn auch ist,
er sich fügt an Deine Seiten
und Du weich gebettet bist.

Dann doch wieder sahst Du fest
bremsen ihn des Meeres Kraft,
Korn nah an der Körner Rest,
was alleine eins nicht schafft.

Nicht gesehen aber hast Du,
daß er niemals stille liegt,
daß Bewegung in der Ruh
ihm als Stein erst Leben gibt.

Gedankenreise

Auch nicht die schönste Stunde
hält die Gedanken dort,
die in des Tages Runde
schon sind am nächsten Ort.

Das Glas noch in der Hand,
blickst Du bereits zur Speise.
Heimisch in einem Land,
sind wir schon auf der Reise.

Und wenn wir in den Armen
der Liebsten finden Ruh,
drängt weiter ohn' Erbarmen
der Kopf dem Neuen zu,

zeigt uns in hellem Schein,
der Lust und Ruhe stört,
vom nächsten Jahr den Wein,
der morgen uns betört.

So läßt sich nicht genießen,
weil ganz nichts wird erlebt.
So läßt sich nicht erfahren,
was hoffend wir erstrebt.

Drum fangen wir die Reise –
Gedanken auf der Flucht.
Nur der heute ist weise,
der nicht die Zukunft sucht.

Nur der, der hinter ferner See
im Tee, den er da trinkt,
nichts sieht, als eben diesen Tee,
dem die Erfüllung winkt,

das wirklich zu erleben,
was er gerade lebt,
selbst in sich zu erbeben,
wenn jetzt die Erde bebt.

Augen

Großes macht dich blind für Zwerge,
Weltenpläne ohne Zahl
zieh'n vom Kleinen dich zurück.
Spähend nur auf höchste Berge,
findest niemals du das Tal,
das versteckt dein eignes Glück.
Mit den Augen leicht zu sehen,
die noch nicht verlernt den Glanz
und das Suchen nach dem feinen
Fühlen, Spüren und Verstehen.
Unsichtbar für Blicke ganz,
die der Größe Schatten weinen.

Kathedralen

Wo noch romanisch rund,
bescheid'nen Turms, der Erde fest
    verhaftet,
so lösen sich der Gotik spitze Bögen
vom Boden leicht mit schlanken Türmen
und streben hoch zum Firmament,
wie wirs dann wiederfinden heut'
in Gaudis filigraner Pracht
und wolkenhohen Kathedralen and'rer
    Meister.
Und schmaler noch und feiner,
dem Fingerzeige gleich,
so weist an östlichen Gestaden
das Minarett den Weg zum Ort des
    Einzigen.
Und anders nicht im fern'ren Osten noch
gemahnen wieder in der Lüfte Höh
Pagoden an den Sitz der Weisheit,
der Tugend und Vollendung.
Wenngleich im Streit
sind sie sich einig doch,
daß himmlische Vollkommenheit
– geschenkt von Gott, wenn nicht erlangt
    vom Menschen –
im Wesen überirdisch sei
– dies ist der Blick zu Himmel –
im Ursprung aber angelegt in uns,
wie auch die Tempel all auf Grund
    gemauert sind.

ANNA-VALERIA VOGL-HÜGER, geb. 1915; lebt in Burghausen/Salzach. Freie Schriftstellerin. Mehrere Lyrikbände, Prosa, Neuerscheinung: Das Gesicht des Sees, Roman.

Gedichte stellen sich mir ein wie bildermalende Kolibris aus traumhafter Wirklichkeit.

Im Widerhall deiner Schritte

Im Widerhall deiner Schritte
erkennst du dich
in den Einsamkeitsgängen
der eigenen Katakombe
die du niemals erwanderst –
Den Vermoderten in den Nischen
laß deine blinden Gedankenschwärme
klebe der nässenden Steinwand
alle Zerrbilder auf
die anhänglich dich begleiten –
Gib der Angst deine Hand
zärtlich wie einem hilflosen Kind
das schutzbittend
sich anschmiegen möchte –
es könnte dein Engel werden
der den Lichtpunkt erspürt
der hinausführt ins Freie –

Spiegelbild

Wahrnehmung der Verwunderung:
Das soll ich sein?
Unretuschiert der Augenblick
der dich bespiegelt
der wohl Bewegung verändert
doch die Veränderung
unwidersprochen klarlegt:
Die Hautschrift der Falten
den glanzschwachen Wunschblick
Kerbschatten um Nase und Mund:
Trugbild schlechter Beleuchtung
Das Selbstbild verzerrt?
Fast unbemerkt war der Zugriff
der Raubhand des Alterns gewesen –
Im Gesamtbild dennoch
Reste verbliebener Schönheit?
Wie war ich einst?
Wer bin ich jetzt?
Im Tiefenblick der Momenterscheinung –
Nimm dich an wie du geworden bist!
fordert das Spiegelbild
und zeigt ein bejahendes Lächeln –

Totentag

Verschwommen im ersten November-
 nebel
umrißlos döst der Totentag
in das Verdämmern der Stunden –

Von windstiller Kühle behutsam behaucht
zwischen dem Herbstschmuck der Gräber
Lichtpünktchen stillen Gedenkens –

Aus Hinterhofgärten des Abgelebten
tragweite Trauergedanken
streifen Geheimnis belebend
Nebelgefilde des Todes –

Wo Leiber erstarren im Endlosschlaf
Uhren das Zeitmaß vergessen
Fährleute prallvolle Boote
Seelenfracht uferwärts rudern
dem Jenseits zum Weiterflug übergeben
zur Prüfung der Echtheit des
 Totenscheins –

Gestaltlos erstirbt der Totentag
Gedenkende schatten davon
Kränze und Tannengebinde
werden Geschenke des Nebels –

Juninacht

Die Ruhe der Nacht
und den Mond als Gedankenfreund
voll erblüht im perlmutt
irisierenden Leuchthof
wie von Lichtbläserengeln
bis zum mattbraunen Kranzring
hauchzart getönt –

Wunder der Juninacht
kahle Steinkugel
in vergötzender Schönheit –

Seltene Augenblicke
offener Möglichkeiten
anschwellender Zärtlichkeit
am Inselufer der Traumgemälde –
Mondlichtgeflüster
hoch im Platanenlaub
und aus dem Welthintergrund
begleitendes Summen
aufsteigender Leuchtphantome
aus dem Geheimnis der Liebe –

Mittsommernacht

Warm war der Tag
die Nacht ist kühl
der Mond so groß und tief
als wolle er der Erde
so nah wie möglich sein
mit seinem Zauberkreis
aus feinster Strahlenseide
nun in Besitz genommen von
einem aufgeflockten Wolkenfeld
voller Schmeicheltierchen
die im Mondlicht weiden
sich in ihm verwandeln
zu sanften Rätselwesen
im Luna-Wolkenpark
unendlicher Verwandlungen –
Mittsommernacht
so reich und so bescheiden
deine Zauberzeichen
der Endlichkeit
im unendlichen Spiel
der Formen –

Oktoberabend

Weiß gewaschnes Wolkengewebe
eine spitzendurchwirkte Gardine
weithin auf östlicher Leine gespannt
zwischen ergrauendem Hochoben
und schwarz verhülltem Tiefunten –
Seltsamer Abendschmuck im Oktober
nachdem alle Farben erloschen –

Von Lichtfasern rötlich durchhaucht
aus unerfindlichen Quellen
in tagbeendender Stille
bewundernden Blicken zum Sattsehen
ein Megagemälde abstrakt
der Sphärenmalerin Mutter Natur

MARIE-LUISE PLAT, geboren 1947. Beamtin, Hannover; 1997; FreiSchreiben – Langenhagener Schreibgruppe; Kontraste – Anthologie, Literatur-Café Wesel; 1999: Liebe + Leben, pro familia Braunschweig; Hörst du, wie die Brunnen rauschen – Czernik - Verlag; 2000: Dort unten liegt die Landschaft des Schlafs - Selbstverlag.

In meinen Texten versuche ich, meine Bilder der Welt in Worte zu fassen, die bei den Lesern eigene Bilder entstehen lassen.

Litanei
am Morgen zu sprechen

mit geschlossenen Augen
fast noch schlafend
taste ich hin zum Stuhl
spüre Leder und Stahl
seufze zufrieden dann
schwinge mich aus dem Bett
kleide mich in das Ledergewand
schnalle die Polster
an Knie und Ellenbogen
schlüpfe in die Stiefel
mit Stahlkappen bewehrt
lege die kugelsichere Weste an
schütze den Kopf mit dem Helm
und schließe das Visier

jetzt bin ich bereit für den Tag
fürchte mich nicht vor euren Augen
auch wenn eure Blicke töten
fürchte mich nicht vor euren Stimmen
auch wenn eure Worte das Blut
in den Adern stocken
fürchte mich nicht vor euren Händen
die mich würgen
fürchte mich nicht vor euren Füßen
die mich niederstampfen
fürchte mich nicht vor euren Herzen
die mich mit Eiseskälte erstarren

jetzt schreite ich aufrecht
in Leder und Stahl
durch den Tag
doch
wohin mit den Träumen
der Nacht

Jazz

Klopfzeichen
am Schädel zerspellend
fransen tief
in die Ohren
fingern von innen
am Brustbein entlang
tasten suchend
an beiden Brüsten
gleiten heiß
in die Tiefe

angekommen
beim letzten Ton

in gelben Zelten
wohnen meine Träume
im Baumgeäst

den Winden ausgesetzt
fliegen sie hoch
mit den Sommerwolken

mit Zauber angefüllt
kehren sie zurück

schütteln sich und die blaue Welt
rollt in mein rotes Zimmer

Trauermantel

das Wasser spült
in weichen Austernmund
ein Sandkorn
es drückt ins Muschelfleisch
scharf kristallin

mit zähen Tränen
wehrt die Auster ab
und legt als Mantel
um das harte Korn

Perlmutterglanz

mittendrin

verfrüht vergilbt das Laub
in Sommerglut
die Äpfel fallen jung
die Vögel sammeln sich
die Nächte kühlen sich im Regen

ganz plötzlich
geht der Sommer fort

zwischen den Hecken
entlang des ausgefahrenen Wegs
geschliffener Stein
Bänke
Himmelsspiegel
zweifache Hoffnungsträger
Gedanken
lassen sich nieder
ruhen sich aus
gleiten im Wind
über die Felder
zerschleißen wolkig
lösen sich auf
im Lichtblitz
zurück gebündelt
in neuer Ordnung
rechts und links
im Verbund
zweifache Hoffnung

CHRISTA PEIKERT-FLASPÖHLER, geb. 1927; Osnabrück. Lehrerin; „Sommerbriefe" Limburg 1986, „niemals mehr wollen wir sprachlos sein", Luzern 1992, „mit deinem Echo im Herzen", Limburg 1986, „Höre, göttliche Freundin", München 1999; Preise: christl. Literatur/Lyrik, Wien-Graz 1983; „Gottespoetin", Frauen-Kirchen-Kal., 2002.

Gedichte zu schreiben gehört seit der Kindheit zu meinen Lebensäußerungen, ist Ent-Deckung und Suche in sinnlicher und übersinnlicher Welt.

der Droste

zügeln das ungebärdige Herz
den gezirkelten Wegen gehorchend
kämpfen auf inneren Meeren
anwesend in alltäglicher Ordnungsmacht
das Verborgene schauen
der Geheimniswelt widerstehen und
angehören
hochgespannt ist dein Seil
Engel flechten daran und die Holden
weben Mondlicht hinein, Knabenkräuter
und Frauenschuh
daß wir vom Bittersüß leben
schlafen auf schmelzendem Urgestein
unsre Feder anfeuchten im Erpreßten
des Herzens
deine Botschaft

Mathematik

du tadelst
ich sei unberechenbar
recht so
nicht teilbar
in oben und unten
links oder rechts
gut oder böse
keine sichere Gleichung
plus minus Null
keine feste Größe negativ positiv
ein Mensch der erprobt
ein Mensch zu sein
bei Lösungsversuchen
darfst du mit mir rechnen

Zeitversteck

im Herbstblut
strömend über weiße Mauern
im Herbstblut
das in Blattgespinsten trocknet
stirbt der Sommer
sein schöner Tod gehorcht
der Mutter Erde Kreißen
wir lesen freudig an Kalenderuhren
wie zukünftig
seine Küsse neu geboren werden
es kommt die Zeit
da wir die Jahreszeiten
lesen
mit Erschrecken
bisweilen decken wir
die Augen zu wie Kinder

mein Tod im Zeitversteck
führst du mich
wenn ich ganz leer geworden bin
in die
Un-Endlichkeit?

wie wird es sein

falls es sein wird
nach dem letztersten Schritt
wie ich hoffe
tanzen im Licht
schwerelos
Liebe spüren in jeder Faser
Wiedersehen
sehen das Niegeschaute
und wenn ich nichts kosten würde
als
Bewegung zu sein im göttlichen Strom
oder
aufgenommen
in heilige Stille

nach dem elften September 2001

erfuhr ich
die Weltwirtschaft besitze ein Herz
anscheinend zog es
in die zwei höchsten Erdentürme ein
nachdem ein stählerner Zeigefinger
den Spitzenwettlauf der Erbauer
beendet hatte

jetzt liegt es unter Trümmern
begraben
inmitten tausender Herzen aus
Fleisch und Blut
die auch um seinetwillen
sterben mußten

ich möchte wissen
ob es auferstanden
nach den Menschenherzen fragt

Programmierung

du darfst nicht weinen
befehlen sie
du mußt auf dem Bildschirm
genau
den Zielpunkt erkennen

du darfst nicht zittern
befehlen sie
du mußt mit ruhiger Hand
den Bombencomputer bedienen

du darfst nicht fragen
befehlen sie
wenn der Tod dir
Gesichter und Stimmen
schickt

aber wenn
es dich trifft
darfst du
sterben

CHRISTINA RIEGGER, geb. 1952, lebt in Birkenau; Apothekerin. Veröffentlichungen bei Edition L und Ogeechee, Georgia Southern University's Journal of Poetry 1991, 1992, 1995.

Lyrik ist für mich die Suche nach Sprachbildern von äußerster Reduktion um Unbewusstes bewusst, Unsichtbares sichtbar und Unsagbares sagbar zu machen.

Immer die Angst

dem anderen entgegen zu gehen
die Hand zu reichen
dem fremden Ich
und zu sagen
du
du bist der
den ich meine
dein Herz
schlägt in meiner Brust

Heimat

Ich wachse
aus den Linien deiner Hände.

Dein Blut
kreist in meinen Adern.

Deine Blumen
blühen in meinem Herzen.

Deine Scheiterhaufen
brennen in meiner Seele.

Ich trinke dein Wasser.
Ich esse dein Brot.

Ich nehme deinen Atem
und singe
meine Lieder.

In stillen Nächten

In stillen Nächten
wenn der Engel mit dem Schwert
den Weg freigibt
und wir
ankommen ineinander
fallen Sterne vom Himmel
und füllen die Brunnen
mit Gnade

*

Worte

Worte aufheben
wie Steine
wie Äste
ein Haus bauen
ein Feuer anzünden
aus der Asche
Brot

ROSMARIE SCHMITT, *1946, lebt in Lampertheim. Grundschullehrerin i. R.

Ich lebe zwischen den Welten. Zwischen Jugend und Alter, Fülle und Entsagung, Blindheit und Weisheit, Werden und Vergehen. Zwischen Wort und Wirklichkeit.

Allerheiligen

Friede den Toten meines Lebens,
Friede dem letzten Flügelschlag.

Entflatterst kleiner Falter über Gräbern,
vergehst mit letztem warmen Tag.

Senkt schwarze Nacht sich über kalte
    Erde,
erblühen tausend Lichtlein
    hier und dort,
geknüpftes Band „Vergehen und doch
    werde";
von euch zu mir, von hier zu fernem Ort.

Friede den Toten meines Lebens,
Friede dem letzten Flügelschlag.

Die Liebe knüpft kein Band vergebens,
und sei es denn am letzten warmen Tag.

Mondin, stille

Mondin, stille,
gelassen ziehst du deine Bahn.
Sanfter Wille,
belächelst Menschenwahn.

Schau zu dir,
die du auch mich bedingst.
Bin stille hier
und lausche, wie du singst.

Atmest ein,
dein Leib erschwillt in Fülle.
Zehrest dein,
versinkst in Trauerhülle.

Ich atme ein
als Teil des großen Ganzen.
Stäublein klein
darf heut im Kosmos tanzen.

Weisheit alter Frauentage

Mondin,
Weisheit alter Frauentage,
erschließt dich mir in stummer Nacht.
Erträgst der Jugend Lustgelage,
des Lebens Freuden, Lebens Klage,
Herzglühen, -tränen – süße Fracht.

Mondin,
Weisheit alter Frauentage,
deckst mit blassem Tuch mich zu.
Erträgst voll Gleichmut meine ew'ge
    Frage:
Wozu bewegt mich Lust und Plage?
Wann ruht mein Herz – wie du?

Mondin,
Weisheit alter Frauentage,
schwillst an zu sinnlich hellem Rund.
Weckst Lust auf Leben ohne Frage,
vergnügte, prall erfüllte Tage.
Jetzt lebe ich, mit vollem Mund!

JOCHEN LINK, geboren 1961, selbständiger Unternehmer, lebt in Stuttgart. Veröffentlichungen: „Träume aus Glas" (Gedichte, Edition L), sowie verschiedene Anthologien.

Die Sinnlosigkeit der Errichtung von Luftschlössern offenbart sich durch die Erkenntnis der Unmöglichkeit darin zu leben.

Bekenntnis

Wenn Du mich fragst,
was mir wichtiger ist,
Du
oder mein Leben,
werde ich Dir antworten
mein Leben,
weil Du
mein Leben bist.

Hände halten sich im Dunkeln,
tiefer Schlaf verdrängt den Kummer,
zaghaft kleine Sterne funkeln,
leise, leise kommt der Schlummer.

Und auf unserer Träume Schiff
steht ein alter Mann am Ruder,
hat das Steuer fest im Griff,
ist des Todes kleiner Bruder.

Sonnenschein in Deinen Haaren,
Morgentau auf Deinem Mund,
wer wir sind und was wir waren
findet in Dir seinen Grund.

Luftalarm

Zäh schleppen sich
die Tage dahin –
gläserne Schatten
heben den Arm –
verwunschene Prinzen
lassen sich
in venezianischen Gondeln
durch schlaflose Nächte treiben –
aus den Wäldern kriechender Nebel
empfängt die ersten Sonnenstrahlen,
nicht wissend,
daß sie sein Ende bedeuten.

Zugvögel

Der Sehnsucht
bittersüßer Duft
durchzieht meine Träume

leise verbünden sich
sanfter Schnee
und heiße Tränen

geduldig wartet
im schwarzen Gewand
die Wehmut
auf mein Erwachen

durchdringend die Stille
der Zugvögel Schrei

Heimat
hat mich wieder

Herz voller Tränen

Hinter brüchigen Mauern
liegen Träume begraben
der siebte Tag
Vater trinkt
Mutter weint
brave Kinder
kommen in den Himmel
wie alles zuviel wird
aber nur nicht
davon reden
noch nicht einmal
daran denken
der Tod
ist nur schlimm
für die Lebenden

gegenüberstellung

die abende sind länger geworden
die nächte kälter
und die morgen einsamer
die gedanken gleichgültiger
die blicke enger
und die gefühle flüchtiger
es hat sich vieles verändert
nicht unser leben
wir selbst haben uns verändert
unser leben
ist dasselbe geblieben

CHARLES STÜNZI, geboren 1948, wohnhaft in Brig-Glis/CH, Prof. lic. phil. Gedichtbände: „Mensch, oh Mensch!", VfA, Fulda 1995; „klarlack-tupfer", Nimrod, Zürich 1999. Lyrik-Übersetzungsbände: „Alles ist beseelt", Kasskara, Norderstedt 1996; „Rückblicke", Edition LEU, Zürich 1996; „Kompass der Seele", Glendyn, Aarau 1999.

Lyrik schreiben heisst für mich Erlebnisse, Erkenntnisse und Gefühle von Bedeutungen in möglichst knapper, treffender und ästhetisch befriedigender Sprache wiedergeben.

liebeswünsche

1

zerschmettere
den stein in mir
mit deinem blick
und führ mich sanft
an deiner hand
in sattes grün
auf dass ich wieder
sehen lern
mit dir

2

in deine
liebenden lippen
versinken
will ich
vergraben mich
in deinen
schützenden schoss
für immer
jetzt

rassismus heute

1

hohle köpfe über
gesenkelten stiefeln
hände grussgereckt
jagd auf alles
was nicht weiss ist
was denkt

sind wir
wieder soweit

2

kennst du das land
wo die geranien blühn
du wirst es kennen

von den balkonen
austrias
viel rot
sonst viel braun

zerrissen

1

manche meinen
er sei oberflächlich

dabei rappelt
er sich gerade
aus dem sumpf
seiner inneren
abgründe empor

2

barock zerrissen
getrieben – geleitet
lust und pflicht
himmel – hölle

tiefer schlund
darüber hoch
zu seil
mit kurzem
faunischem
blick hinab
der scheinbar
erhabene andere

im abgrund
im seiltanz
die seele
barock zerrissen

WOLFGANG A. WINDECKER, geboren 1949, in Frankfurt/Main. Oberstudienrat in Alfeld. Zwei Gedichtbände: „So gesehen" (1989), „Ganz in der Nähe" (1992); drei Romane: „Der große Bär muss sterben" (1988), „Fußballerküsse schmecken bitter" (1993), „Anna Maria" (1995). Erzählung und Gedichte: „Der alte Mann und der Fußball" (2001).

Mit der Lyrik kann man Gedanken auf den Punkt bringen, kurz und knapp Wesentliches ausdrücken. Über Lyrik sollte man nicht spöttisch lächeln, sie ist vielmehr nicht nur ein wichtiger Bestandteil der Literatur, sondern auch der Gesellschaft.

Meine Mutter

Mutiges, schmächtiges Mädchen
vom Lande. Vom Bauernhof.
Tüchtig, tapfer.
Voll Sehnsucht, voll Ehrgeiz.
Dämon Krieg, Katastrophen-Melodie.
Dein Deutschland, deine Jugend
in Trümmern. Trotzreaktion

Männer machten dich
zum Mann. Zielstrebig nach oben-
geträumt, gekämpft.
Ehe-Mann, Ehe-Tyrann.
Träume starben. Trotzreaktion.
Wohlstand war wohl
der Ersatz. Der Gott.

Geschickte Geschäftsfrau.
Geachtet, geschätzt.
Manche Rechnung, mancher Traum,
blieb offen, blieb unerfüllt.
Barbarisches Ende, barbarischer Tod.

Der Abschied

Da ist der Tod nun gekommen.
Gnädig geboren, in Frieden gestorben.
Tränenlos. Arme Augen wachen.
Das Karussell des Lebens steht still.
Du ruhst brav im letzten Bett.

Die letzten Lieder verklungen. Feierlich.
Die rührigen Redner
sitzen am Stammtisch.
Das beruhigende Bier fließt
in Strömen. Sehnsucht nach Ablenkung.
Du ruhst brav im letzten Bett.

Bunte Blumen, gewaltige Kränze,
der Duft des Abschieds,
der letzte Gruß flattert leise
im warmen Wind.
Du ruhst brav im letzten Bett.

Ein müder Redakteur matt
näht den fälligen Nachruf.
Die Stationen deines Lebens.
Pedantisch, perfekt nachvollzogen.
Du ruhst brav im letzten Bett.

Little Island
(Helgoland 2001)

Little island in the sun,
tapfere Tagestouristen
brav im Beiboot,
schaukelnde Herzen
schaukelndes Portemonnaie.

Shrimps auf die Schnelle,
im Aquarium ackern
fleißige Fische für die
Sehnsucht der Sensiblen.
Lacht die Lange Anna
im Oberland voll Ohnmacht.

Betretenheim am Bombentrichter
traumatische Tauschgeschäfte.
Schacher um Sansibar.
Ein Büchsen-Bier auf die Briten.
Muskelprotzender Maulbeerbaum
malt majestätische Bilder.
So long, Sehnsucht.

BRIGITTE KERN-GUTMANN, geboren 1946, wohnhaft in Kappelrodeck, Realschullehrerin. Vier Lyrikbücher, von 90–99; in der Edition L: „Vom Glanz in deinen Augen …", 1992. Ein Märchenbuch.

Im Gedicht versuche ich den Ausschnitt, in persönlicher Sprache, bildhaft, mit Rhythmus, mit Gefühl, mit Erkenntnis, manchmal gereimt. Meist gehe ich aus von Beobachtung, vom Erlebnis. Es ist eine musikalische Form.

Über das Wort

Immer spielt dir das Wort
seinen Laut vor
nistet sein Geheimnis
in deine Ohren

Immer legt dir das Wort
seinen Sinn
vor die Sinne

Immer erlöst das Wort
mit Unsinn
durch Gelächter

Im Zeitnetz

Im Netz des Heute
das laute Pflichttier gefangen
hetzend und hechelnd
oder die dösende Leere
durch die Löcher gähnend
oder das Fratzengesicht Angst
oder Verdorrtes welk Raschelndes
aber auch sich schön und langsam
    entfaltend
die Blütenblätter des Augenblicks

Immer haben Vergangenheitsspinnen
mitgewoben am Netz des Jetzt
hässliche Knoten gibt es
und bezaubernde Muster

Und immer schweben wir Lebens-
    akrobaten
im steten Bewusstsein
hochgeschleudert zu werden
ins Netz des Morgen
Ob uns die Luft trägt
voll sonniger Geborgenheit
ob sie belebend kündet
vom Zukunftswind
oder ob sie uns den Atem nimmt
aus Furcht
dass es reißen könnte
das Netz

Nachklänge

Verstummt
das Straßengelächtercluster
alberner Jugendlicher

Verstummt
der gewandte Politiker
die beredte Lyrikerin
das tiefsinnige Schweigen
des Verlegers
das atmende Mitgehen
des Publikums

Verstummt
das Frage- und Antwort-Ritual
die lobenden und ablehnenden
Stellungnahmen
vor vollem Büchertisch

Dafür Nachklänge
jetzt hörbar
in meinen Innensinnen
das Nachspiel gelungener Metaphern
und swingender Jazzklänge

Ich
auf dem Trampolin
meiner Gefühlsnerven allein

Komm Freund Schlaf
erlöse und erlösche mich
bis zum frischen Ton
der Morgensonnenflöte

Gesang auf mein Bett

Auf meinem Bett meinem Schiff
treibe ich durch Nachtfluten
manchmal ist sie ruhig die Seelensee
und auf seligem Traumspiegel
gleite ich voran

Manchmal schlägt das Bildermeer
gischtende leckende Wogen
und vom Gefühlssturm geschüttelt
blähen sich weiße Leintuchsegel

Manchmal schaut ein weißer prall-
    bäuchiger Mond
durch geschlossene Läden
auf meine geschlossenen Lider
Mond du Ebbe- und Flutbestimmer
du Regulator des Naturkalenders
Vollmond du Räuber des Schlafs
gebadet in deiner mysteriösen Strahlung
wird das Bett mir zum Unruheort

Manchmal liege ich wach
nach dem Liebesrausch
in weichen Kissen
überspült von Gefühl
abebbend die Wellen des Spiels

Manchmal ruhe ich sanft
in meiner Bettbarke
auf grünblauem Grund
im Schlafkahn
beruhigt von leichtem Geschaukel
Gesang von Nachtvögeln
im Traumohr
erholsame Fahrt
bis zum dämmernden Morgen

Moderne Ehegespräche

Wollen wir fusionieren, mein Schatz?
Unsere Konsensgespräche haben ja
    schon
in gutem Klima und gegenseitigem
    Verständnis
stattgefunden. Erste Irritationen
sind vom Tisch. Wir legen einfach
unsere Verbindlichkeiten zusammen.
Erträglichkeitsgrenzen wollen wir noch
nicht festlegen und die Laufzeit unserer
    Fusion
lassen wir lieber außen vor.
Vor „high sensivity" sollten wir uns hüten.
Dagegen wäre „high fidelity", meinst du,
nicht so schlecht. Ich aber vertraue eher
meiner hardware und deiner software,
    baby ...
Denn im chat-room unserer Herzen
bin ich dein Coolman und du meine
    Pussycat!

Da Capo...Al Fine

Doch lagen, lagen wir uns in den Armen,
Amor und Psyche gleich,
entdeckend und ergründend
Gestade unsrer Lust,
von Atemhauch beschlagen,
Landschaften unsrer Zärtlichkeit,
– selig sanft süß –
und Schluchten, wo tief unten
noch unerforscht
der Strom unserer Leidenschaften floss.

Und sollt' auch alles nur
einer von jenen schnellen Pfeilen sein,
die tief treffen und tief Wunden reißen:

Doch lagen, lagen wir uns in den Armen,
Amor und Psyche gleich,
entdeckend und ergründend
Gestade unsrer Lust,
von Atemhauch beschlagen,
Landschaften unsrer Zärtlichkeit,
– selig sanft süß –
und Schluchten, wo tief unten
noch unerforscht
der Strom unserer Leidenschaften floss.

LOMA EPPENDORF, Hamburgerin, seit 1956 Wahlheimat Mannheim. Als Dipl.-Bibliothekarin der Literatur verbunden, schreibt sie seit Jahren Lyrik und Prosa. Veröffentlichungen in Zeitschriften und Anthologien. Ein Gedichtband „Erkenne die Zeichen".

Mit der Sprache zu arbeiten bedeutet für mich, ihren Wohlklang mit der Präzision des Ausdrucks in Einklang zu bringen. So wird Aussage glaubwürdig, Sprache verdichtet. Ein lebenslanges Bemühen.

Anrufung

Du hast uns bitten gelehrt,
damals, als wir in Wüsten lebten.
Indessen haben wir gelernt, zu fordern.

Du hast uns beten gelehrt,
als wir in fremden Ländern wohnten.
Jetzt bedeckt Hochmut unsere Furcht.

Du hast uns danken gelehrt,
als wir vor Häschern gerettet wurden.
Indessen leben wir übermütig und dreist.

Du hast uns lieben gelehrt,
als wir dumpf und rachsüchtig haßten.
Jetzt hilf uns, die Liebe zu leben.

Die Frau des Trinkers

Du verwandeltest
einst Wasser in Wein, Herr.
Heut' ist keine Hochzeit;
laß den Wein wieder
zu Wasser werden.
Dieses Wunder erfleh' ich.
Berühre das Glas, Herr,
Du hast die Kraft!

Hoffnung

Nicht verloren geben
die Liebe
nicht verlieren
den Schmerz.

Nicht verloren geben
die Hoffnung
nicht verlieren
die Angst.

Nicht verloren geben
die Sehnsucht
nicht verlieren das Selbst.
Nicht verlieren …

Gegenüber

Beklommen
blickt im Spiegel,
ein Antlitz,
– deinem gleich –
dich an.

Wer bist du?
Bin ich selbst
ein Fremder
mit deinen Augen
voller Furcht?

November

Treibende Blätter
im Sonnenlicht
wirbeln Staubkörner
um deinen Schatten.

Jagende Wolken
am Himmelsrand
reißen Trauer
aus deinen Augen.

Vergehender Zorn
über Vergangenes
löst in der Brust
Angst vor dem Tod.

Rückkehr

Ich suche meinen Weg
im raschelnden Laub.
Ich sehe die Rose welken
am alten Holz.
Ich höre Vögel rufen
am hohen Himmel.
Ich lege die Farben
des Sommers ab und
blättere in den Seiten
des Herbstes.
Ich kehre zurück
aus der Welt
in mein festes Haus.

HARTMUT BRIE, Dr. phil., geb. 1943; lebt in Müllheim. Studiendirektor. Die Neueren Sprachen: Mallarmé, Poe und Mallarmé. Tonio Kröger: Gegensatz und wechselseitige Beziehung von Kunst und Leben.

Dichtung ist Wahrheitsfindung. In der zerrissenen Gesellschaft kommt den Substantiven als Monolithen im Satz immer mehr Bedeutung zu.

auflehnung

da dringt es dauernd ein auf
köpfe die im zickzack suchen nach
halt in der ebene abgeholzter stämme
    und
im greifen schwanken wie betrunkene

da schlägt es deutlich an auf
veralteten formeln die sich halten gegen
sturm und drang eines fragestellens an
gemäuer mit verwitterten dächern

da haut es einen um an
der stelle die gelassen klopft auf
die hohlen räume verworrener reden und
abgestumpften verharrens in festen
    spuren

wagt da keiner aufgeputscht zu zerren an
alten zöpfen die so glatt hängen auf
leitenden schultern kränkelnd an
ihrem schnitt unverdaubarer haare

wie wenn die geduld die belastung auf
die probe stellt und befindet zu leicht
    nach
den maßen der zeit die der stille ent-
    weicht in
die strudel des handelns abgewogener
    träume

wenn dinge verwesen im öden raum
verliert eine welt den bezug zum ganzen
und alles versinkt in schlaflosen traum
als würden die dinge auf seilen tanzen

wenn menschen sich drängen an voller
    bar
im tanz und joint vergessen suchen
wird unbewußt eine wahrheit wahr
die sich versteckt hinter spott und
    fluchen

wenn eine zeit gespenster kauft
die wie götter den bildschirm überfluten
und wenn ein raum in sich zerrauft
die toten dinge bringt zum bluten

dann steht die frage in dem raum
wozu und stille in dem leben
du weißt es nicht, du ahnst es kaum
dein ich, dein du sind schon vergeben

Aus einem Buch füllen Bilder Räume
mit Fragen nach Jahren des Erlebten
mit Höhen und Tiefen zur Bilanz
Das Ich geht zu Farben auf Distanz
und sucht nach Klärung an Verklebtem
das fremd durchzieht des nachts die
    Träume

Aus Rückblick verschwimmen verlorne
    Konturen
mit Schatten durchsetzt aus quer Ver-
    sponnenem
und glätten Striche, die aufbegehren
Keinen Deut sich um Horizonte scheren
Verwischt Gestalten in Zerronnenem
und weist auf zerstrittene Kreaturen

Aus Durchblick hängen versteckte Leiden
mit Lust sich an erfreulich Verflossenem
und mischen die alternden Farben neu
Trennst Du den Weizen von der Spreu
steht wie ein Halt ein Halm im Ent-
    sprossenen
und die Palette tupft bescheiden

die da

die da schreien da draußen im hagel
haben
der kalten kriege eisigen frost nicht
    genossen
sie brüllen wie blindes vieh im nebel
und sehen
der einsamen gasse blutige tränen nicht

die um sich schlagen im zorn
haben
den schweiß der arbeit nicht
an den händen kleben
sie laufen mit im verführten rudel
und meinen
der steine schlag sei antwort auf fragen

die da in vergessenheit laufen
haben
ihr nacktes wissen zu taten erhoben
sie kleben an verwaschenen parolen
und ahnen
des bewußtseins hohn über sein

die da im untergrund wühlen
haben
den grund nicht erfaßt in seinem ganzen
sie verlaufen ihr wesen in schalen
    gebärden
und suchen
nach geschlossener wege alternativer
    pfade

die da fest im sattel sitzen
haben
sich festgeritten auf klapprigen gäulen
sie preschen an lichten schatten vorbei
und sehen nicht
nach dem feuer aufgepeitschter gefühle

die da unüberbrückbare brücken bauen
haben
den beton mit heißer asche vermischt
sie sind gedrillt auf zweckverbundenes
    wirken
und fragen nicht
nach dem grund umfassenden planens

abgang

wenn dann das feuermeer ins uferlose
    taucht
und graue fetzen sich dazwischen-
    drängen
wenn dann der himmel endlos faucht
und schwarze massen sich dazwischen-
    zwängen

wenn dann die glut im fluß sich badet
und spiegel an den ufern bricht
wenn dann der horizont verschwadet

und gleisend tag in nacht erlischt
dann ist die stimmung wie erloschen
und alle spannung ist wie tot

dann wird der funke ausgedroschen
der leben bringt in dieses rot

Ingeburg Baier

INGEBURG BAIER, geb. 1922, lebt in Plau am See, Mecklenburg. Fotoschule Berlin, Buchhalterin Hamburg. 2 Jahre Hamburger Zeitung. Veröffentlichungen: 2 Gedichtbände, Anthologien: „Das kleine Märchenbuch", „Zauber Zeit", 3 weitere, Herausgeb.: Das Ende wird zum Anfang Vlg. Rostock, Vorsitzende des FDA M.V., Malerei- und Collagen-Ausstellungen.

Gedanken, Empfindungen, die mir keine Ruhe lassen, werden Melodie und Form. Gelingt es mir, meine Gefühle zu ordnen, entsteht ein Gedicht, das mir Klarheit gibt.

Unbewußt

Manche Tage, die vorüber gehen
wie im Taumel, unbewußt zerronnen,
sind wie Blumen, die im
    Mondlicht stehen,
ausgefärbt und geisterhaft versponnen.

Sind wie unbenutzt verschwenderisch
in das Faß Vergangenheit geschüttet.
Ist die Hoffnung nur verräterisch,
wenn sie stets um bessre Tage bittet?

Immer wünschen wir, was uns bestärkt:
Inhaltsdichte, ohne Reue handeln.
Doch das Unbewußte unbemerkt,
hintergründig wird es vieles wandeln.

Und so werden, ohne daß wir's wollen,
unsre besten Tage unsre
    sehnsuchtsvollen.

Perlen des Lebens

Perlensammlerin bin ich gewesen.
Nahm mir mit,
    was ich als schön empfand.
Bunte Steine hab' ich aufgelesen,
Wegewarten, grau vom Straßenrand.

Nahm von Briefen ab
    die schönen Marken,
über Zäune griff ich nach den Birnen.
Konnt' von Feldern Korn
    zusammen harken,
hielt die Schürze auf, wenn von Gestirnen
Sonnengold zur Erde niederfiel.
Alles das war mein – und das war viel.

Überschwang

Eines weiß gewiß ich immer wieder:
Daß am Gitter einer Grenze bleibt,
wen das Schillerkleid der
    Sehnsuchtslieder
in das Übermaß Gefühle treibt.

Bin am Ende oftmals ganz gebrochen
von der Last, die mich
    der Anspruch lehrt.
Und ich hab' es niemals ausgesprochen,
wie der Wunsch nach Können
    mich verzehrt.

Immer wieder sinkt in mir der Mut.
Aber Sehnsucht haben, das ist gut.

Lose. Lose, leise schaukelnd,
flatterhaft und bunt und gaukelnd,
etwas braun schon an den Rändern
und bereit sich zu verändern,
fliegen Blätter durch die Bäume,
ihre letzten Lebensträume
noch erfüllend und im Fallen
sinken sie allein zu allen.

Losgelöst und luftbeflügelt,
eigensinnig, ungezügelt,
wie befreit und doch im Müssen
von den Winden fortgerissen,
suchend, sinkend, umgetrieben
und in Sehnsucht noch verblieben
fallen dann auch wir am Ende
in die gleichen großen Hände.

Wege der Selbsterkenntnis

Nur wer durch Nacht ging,
liebt so die Sonne
und sieht sie
mit offenen Augen.

Er läßt sich blenden,
eh' die Lider schließen,
er läßt sich brennen,
eh' er Feuer meidet
und will es fühlen,
wie er weint und lacht.

Er überschreitet
Grenzen immer wieder
Und lernt das Große
und Gemeine kennen.
Er kommt zurück
und hat sich selbst erkannt.

Wandel

Ich spüre schon den Herbst,
    den Erdenhauch.
Der Ahorn ist entfärbt
    von feuchten Winden.
Verweht ist nun das Laub
    der alten Linden.
Die Wälder schweigen und
    die Vögel auch.

Und blasser ist das hohe Wolkenzelt.
Das Licht wird milder,
    leicht das Haupt der Bäume.
Mit Nebeln wandern
    meine wachen Träume.
Und unbegreiflicher wird mir die Welt.

Im Dunst verdämmert ist der blaue Fluß.
Geheimnisvoll sind schleiergraue Tage.
Durch leere Äste schwebt
    die Geisterfrage,
warum, was glanzvoll war, vergehen muß.

Doch höre ich die Klagen
    meiner Schwestern,
begreife ich: Es hat mich nichts gereut.
Ich fände Frieden nicht,
    wär' ich noch heut
das Wesen, das gewesene von gestern.

GABY MERKENS, geb. 1951, wohnhaft in Eisenberg/Pfalz. Veröffentlichungen: 3 Texte in der Anthologie LYRIK HEUTE, 13. Ausgabe.

In der Stille das Weltgefüge tangieren und in sedimentierte Wahrnehmungen hineinhorchen, während das Lebensrad sich munter dreht – nur die Holzteile vom Halm lösen und den neuen Faden formend begleiten – das ist für mich dichten.

Perspektiven

In aller Munde
der Frevler Namen
dokumentierte Taten
frisch eingeschäumt
Aber
fand nicht ihr Tod
schon im Leben statt

In anderen Büchern
lebt weiter
wer vorbildlich
dem Guten gedient
Aber
nur Werkzeug sein
ist gelebt *werden*
ist treiben im Guten

Nicht sichtbar
durchmißt
mit jedem Schritt
wer kritisch agiert
und handelt
in gegenstrebiger Harmonie
wie Sehne und Bogen
das ist Leben
in jedem Augenblick

Toleranz

Abweichen
wovon?
wenn Willkür
gebietet
weitherzige Vielfalt
mißverstanden

Halbdurchlässig
einströmen lassen
Raum geben
den Grundsätzen

Nur dann
ergreift uns
auf letzter Tiefe
Modergeruch
oder ruhig leuchtendes Blauweiß

Freund Hein

Früher
warst du
gern gesehen
in lichtlosen Quartieren

Heute
kannst du
niemanden erlösen
wenige nur verstehen
deine Mission
wesentlich zu leben
die verbleibende Zeit

Morgen
wirst du
enthoben sein
deiner Pflicht
Selbstbestimmt
kauft man sich ein
zur letzten Stunde
gestaltet beschaulich ihren Wert

GISELA BREIDENSTEIN, geboren 1933; Studium der Germanistik und Romanistik. Oberstudienrätin i. R., wohnt in Osnabrück. Lyrik und Kurzprosa in Anthologien, Literaturzeitschriften, Zeitungen und im Rundfunk. Einzeltitel: „Wandelstern", Gedichte, Edition L, 1992. Preisträgerin eines literarischen Wettbewerbs der Neuen Osnabrücker Zeitung 1974. Preisträgerin des Plakatgedichtwettbewerbs „Courage – Gedichte contra Gewalt", Stadt Osnabrück 1994.

Wenn mich etwas zur Gestaltung eines Gedichtes drängt, versuche ich dem, was mich bewegt, im Ausdruck so nahe wie möglich zu kommen. Angetrieben vom Feuer der Seele, gefiltert durch den Geist, finden die Worte ihre lyrische Form.

In dunkler Nacht

Als zum ersten Mal
Menschen im Weltall
die Erde aufgehen sahen,
standen sie auf dem toten Mond.
Mit staunenden Augen
schauten sie zu,
wie in dunkler Nacht
eine lichtblaue Rose erblühte.
Als Jahre später ein Astronaut
die Erde umkreiste,
erschrak er, wie schmal
die Aura der atmenden Erde
über dem Horizont steht –
aber von jenem Blau, das in Chartres
aus den Fenstern der Kathedrale strahlt,
Farbe des Gewandes der wachenden
    Mutter
auf Bildern von der Heiligen Nacht,
königsblau wie die fast
verschwundenen Kornblumen
am Rande eines Roggenfelds,
dicht an die tiefe Schwärze
des Universums grenzend.

Stille

Mit silberner Stimme
spricht die Stille
immer dieselben Silben.
Das leise Ticken der Uhr
buchstabiert die Zeit,
selten nur unterbrochen
durch ein Knacken
im Zimmer oder ein Knistern
hinter der Stirn,
wenn sich etwas im Kraftfeld verändert,
weil vielleicht ein neuer Stern
über uns aufgeht.
In den Ohren ein Sirren
vom Flugwind der Erde.

Auferstehung

Abgebunden die Ader des Lebens,
vernarbt die Wunde,
verharscht die Sprache.
Schnee bedeckt den Schorf.
Plötzlich eine Stimme.
Wundwasser sammelt sich,
aufbricht der Tränensee,
quillt über Ufer hin.
In den Lachen blakendes,
blinkendes Sonnenlicht.
Weiße Laken fallen herab,
flatternde Fahnen.
Auferstehung
im Echo der Antwort.

ANNEMARIE BUNTROCK, geb. 1923, lebt in Essen. Lyrikerin, Malerin und Graphikerin. Herausgeberin von 2 Anthologien, 1981 und 1997. Letzte Buchveröffentlichung: „Wie eine Feder auf der Dünung", Gedichte und 33 Bildcollagen, Bacht Verlag, Essen 2000.

Dem Credo der amerikanischen Dichterin Emma Bishop schließe ich mich an: „Von Liebe las ich im Lichte meines halben Lebens, und der Schatten der fehlenden anderen Hälfte gab den Worten ihre Tiefe."

Rettungsboje

I
Erd- Wasser- Feuergeister
tanzen um die Wette
Ich bin verliebt

„Großartig" haucht
Valeria aus Burghausen
in mein Telefon
„die Farbkombination einmalig
Zu jedem Bild von dir
fällt mir was ein
– folglich Gedichte
Hab Geduld"

Nun vergleich ich die Bunten
mit denen in Schwarzweiß
jüngst erst erstanden
weit über 3 Dutzend
Soll mich entscheiden
in welche ich ein wenig
weniger verliebt
Was raten die Freunde?

II
Aufnahmefähig
ist nur begrenzt mein Buch
208 Seiten mit Motto
Vita und Foto
131 Seiten Texte
mit reichlich Graphik und Collage
nebenan
Zum Leben erweckt
auf die Reise geschickt
spätestens im Herbst
falls ich noch lebe
Den Preis bestimmt die Kundschaft
Alles in allem nicht zuletzt
– ist Werbung erlaubt? –
zu Gunsten „Friedensdorf Oberhausen"
oder „Ärzte ohne Grenzen"

III
Phantasie – kein Trugbild
ausfernd zielgenau verschwiegen
Im Höhenrausch
einer Verliebten
ohne Ängste
zeitlos vernarrt
mit Langzeitgedächtnis
mein lyrisches Ich
Morsezeichen
aus welcher Höhle auch immer
spendieren ihm wahre Gerüchte
gegenstandsnah

In den Wüsteneien der Welt
schwimmt meine Rettungsboje
an den Schläfen der Erde
Wir sind jetzt eins

Bojen visuell erschaut
jedwedes Credo im Gefolge
– eine Bachfuge vielleicht
a mezza voce
mit halber Stimme

Erscheinung
Für Cora

In den Eiszinnen der Gletscherwand
steht im nackten Fels mein Bett
Gabriel gegen die blendende Sonne
    gelehnt
vor sich den Engelssturz
bewegt sich nicht

Meine Zähne klappern still
Geweitet die Pupille
Meine Haut
trotz wilden Gezänks in den Lüften
atmet schwerelos unbeirrt

Und plötzlich
wie aus dem Sumpf gezogen
zwischen tanzenden Dämonen
mitten im Schneefeld
der höchsten Gipfel der Welt
löst sich eine Kontur

Und als ich noch rätselte
wem sie gehört
treiben Lämmerwolken
sie immer näher zu mir

Jetzt tauschen wir
lautlose Blicke
daß die Zerbrechliche nicht stürzt
Auf der geborgten Stirn einer Hirtin
auf klarem Grund
erscheint uns das Dritte Auge

Auf dem Mondstein

Aber wenn meine Hoffnung
Täuschung ist
meine Höhle zusammensackt
meine Freunde Rufmord begehen
kein Besäufnis mehr hilft
Wenn ich mir den Kopf einschlage
den Lügenwald zu roden
den Grillen Honig einflöße
den Gespenstern
ihr Knochengerüst stehle
Wenn ich übermorgen
wenn das Schilfmeer klirrt
der Haubenlerche das Eis wegtaue
und Lazarus meine Sandale küßt
Wenn ich auf dem Mondstein sitze
von einer Hure bewirtet
und der herrliche Urdal-Quell
spränge auf gegen die Sonnenuhr
Aber wie … wenn dann
das Echo getötet
den Zeiger trifft?

Haiku

In den Schneewächten
halten sich Träume versteckt –
zarte Festungen

*

Mach deinen Kopf frei
für die glasklaren Häupter
überm Schmelzwasser

*

Für deinen Aufstieg
den sturmfesten Talisman
schön mal ich ihn dir

*

Schick auch den Brief ab
Du bekommst Wurfgeschosse
tollkühne ins Haus

*

Bemalte Blätter
Träume – von Felsen umsäumt
Komm nur und staune

DINU D. AMZAR, Sohn eines rumänischen Diplomaten, studierte an der Universität Mainz Mathematik und Physik. 1973–83 Diplom-Mathematiker im Statistischen Bundesamt Wiesbaden. Seither freier Schriftsteller in Sigmaringen. Gedichtbände: „Sehübungen an Rebengerippen", 1975, „Gebiete den Grillen zu schweigen", 1979, „Langholzabfuhren", 1990 und „In Sätzen In Ketten", 1999.

Als Mathematiker suche ich im Gedicht die zeitlose Formel, die Bezüge herstellt und Brücken schlägt zwischen entlegenen Gebieten. Sie hat immer auch den Charakter einer Beschwörungs-, einer Zauberformel. Im Gedicht stärke ich den Sinn für das Göttliche und das Heilige, der uns abhanden zu kommen droht.

Ich kenne das Ziel

Ich kenne das Ziel
nicht, ich brauche
es nicht zu wissen.

Ich marschiere
drauf los, dem Ziel
immer näher.

Wenn ich da bin,
weiß ich: das ist es.

Das letzte Ziel, das
– Einssein mit Dir.

Wir erreichen es nie,
nicht hier, nicht nachher.

Horizont und Apex:
Gleichnisse sind sie dafür.

Stimme des Herzens

Damit ich besser verstehe,
auf Anhieb vielleicht,
reden wir lauter.

Der eine spricht aus,
was der andere denkt,
um einen Zungenschlag früher.

Von Angesicht zu Angesicht,
von Auge zu Mund,
folge ich deinen Worten.

Die wichtigsten Worte,
auf ewig die gleichen,
finden Eingang

– unhörbar leise.

Das Geheimnis der Welt

Haarnadelfein der Winkel,
die Schenkel Welten
umspannend.

Der kleinste Irrtum stürzt
das Universum.

Sehachse, Fahrstrahl:
in gleichen Zeiten
gleiche Flächen:

Alles beginnt und endet
im Auge Gottes.

Nicht die Mittelpunkte,
die Ecken bereiten
das Geheimnis der Welt.

Die Netzhaut, geschunden
vom weißen Rauschen.

Stäbchen, Balken, Spiralen:
die Muster schafft
– das Wort.

Absprung und Sammlung

Am meisten erstaunt
der Reichtum
des Seins,

am meisten befremdet
der Überreichtum
des Nichts.

Es schluckt das Intervall
die Gerade, die Fläche,
den Raum.

Es atmet der Staub
den Feinstaub, es saugt
der Feinstaub die Leere.

Die Leere, auch sie
hat Sprünge,
vergeßt sie nicht!

Jeder vollzieht
seinen Sprung
als Absprung.

Es sammelt der Punkt
das Universum.

Es werde Licht
In memoriam Annemarie Kämnitz (1907–1995)

Auf einmal
hatte ich Zeit.

Als Funke trudelte ich
auf ein überströmendes Licht.

Kein Sturzflug, ein Zieren,
ein Zittern und Flackern
von Selbständigkeit.

Ich wollte,
wollte nur mehr
Umschau halten,

was denn noch sei
außer dem Licht:
Die Schwärze, das Nichts.

Ich grüßte es,
winkte und blinkte
– und tauchte ein.

Einschläge

Es ist wie immer: der Tag
geht zur Neige, die Sonne sinkt.

Der Himmel wölbt sich,
von Cumuli umflammt.

Erwartung für Morgen,
Verkündung des Wetters.

Die Tonsur umspannt
Jahrtausende.

Und doch: ein Einschlag
gleißt durch die Lande,

vom Himmel nicht, vom Willen
zum Umbau der Welt.

Ein Baum weniger,
Verkürzung des Bodens,

Vertiefung, Zerklüftung,
des Horizonts,

urbaner, humaner, brutaler, bis
ein Einschlag dem allen

– ein Ende setzt.

CHRISTEL ANDERS, geb. 1944, wohnhaft in Altenwahlingen (Kreis Soltau-Fallingbostel), Lehrerin. Veröffentlichungen in div. Anthologien.

Unterwegs sein, mich engagieren – aber auch zu mir selbst finden. Ich schreibe in meiner Freizeit. Für mich ist Lyrik immer kreativ: Ich forme Gedichte und sie formen mich.

Hohe Zeit

Die Weintraube
Hoffnung hat
heute Nacht
Frost bekommen

Hohe Zeit
am Morgen
kostbaren Eiswein
zu keltern

*

Unrast

Ich fürchte
meine Unrast

Hilf du mir
beständige Wanduhr
in Gelassenheit
zu pendeln

Post

Liebeshunger
vereint

Weit auseinander
in fremde Städte
ziehen wir
arbeiten
unser Leben
ersehnen
wärmende Hände
und schreiben

Post
die trennt

Fernweh

Kondensstreifen am Himmel
Nord – Südsüdwest

Flughäfen…
Städte…

Mein Fernweh brennt
nicht mehr

Der 11. September hat es
erschlagen

Widersprüchlich

Noch im Mai
lässt der Kuckuck
auf sich warten

Endlich höre ich
seinen Ruf

Ich schimpfe
über sein unsoziales
Brutgebaren
bedaure
das betrogene
Rohrsängerpärchen
und stimme
wie ein Kind
ein
in den heiter-vertrauten
Gesang

Versteckspiel

Meine Fragen
rufen

Ich höre sie
in meinem Zimmer
hinter dem Ofen
im Haus

Wir spielen
Verstecken

Ich soll
sie suchen

Sie aber lachen
holen Verstärkung
und
rennen hinaus

Doppelt schwer

Den heilen Glauben
meiner Kindheit
habe ich längst
zu Grabe getragen

Einst verkleidet als
Engel des Dorfes
verkündete ich
große Freude

…

Erlernte Worte
kinder-leicht gesprochen
Die frohe Botschaft
heut' wöge sie
    doppelt schwer

CHRISTIAN BARSCH, geboren 1931; am Konservatorium Cottbus 35 Jahre Lehrer; „Vier Streiflichter", „Fremdes Gesicht", „Jahreszeitenbilder", Anthologiebeiträge.

…der freundlichen Illusion hingegeben, im unaufhörlichen Vorüberfluten vielleicht Winzigkeiten vom kaum Sagbaren festgehalten zu haben…

Botschaft

Er spürt die Kälte,
weil es nicht Traum ist:
An herrnlosen Pfeilern,
brüchigen Treppen vorbei,
durch rostige Unratwirrnis
laviert der Schwimmer.

Er schmeckt auch den Nebel.

Er schwimmt neben Treibholz
und besser nicht näher
bezeichneten Körpern,
unter hängenden Drähten
hindurch mit dem Strom.

Er schwimmt mit dem Strom.

Er hat seine Botschaft
in eine Flasche gesiegelt,
die auf den Rücken gebunden.
Wenn schon ihn Kraft verläßt,
wird sie den Weg –
vielleicht – –

Auf die War-heit

Freundalte Straße schüttelt
　　ihre Schwingen,
ergeben ins Gewesen
　　zu entwischen.
Breitweiter rühmt sich seines
　　wählerischen
Geschmacks, ein Bessres dafür
　　hinzuzwingen.

Aus welchem Grund wir in die
　　Fluten springen
(um eine heiße Seele
　　zu erfrischen,
um mit dem Stoff der Stoffe
　　uns zu mischen) –
unbeirrt zieht die Flußbahn
　　ihre Schlingen.

Janus sieht zwei Einst. Neube-
　　ginn heißt Abschied.
Ein Quent Erweitrung kostet
　　zwei Hauch Herz,
zahlbar bald. Kleid Gewohnheit
　　umhängt Schlimmstes.

Quäleinsicht, daß flink vorwärts
　　flink ins Grab zieht.
Menschsein wird kalt, ist aber
　　nicht nur Erz-
schläue. Du gibst es, König
　　Fluß, und nimmst es.

Überfahrt

Durfte Siegwahn sehen
Soll nicht mehr sein
War nur Kreisedrehen
in Rauferein

Durfte Palastglanz sehen
Soll nicht mehr sein
Die drin dahinter stehen
wurden grobfein

Durfte Wissstolz sehen
Soll nicht mehr sein
Blies durch Seelalleen
Grellzeichenpein

Durfte gar Liebe sehen
Soll nicht mehr sein
Tat wie verlornes Wehen
geisternder Schein

Durfte den Strom sehen
Soll nicht mehr sein
Da Habende gehen
geh ich allein

DETLEV BLOCK, geb. 1934 in Hannover, Theologe und Schriftsteller in Bad Pyrmont. „Lichtwechsel – Gesammelte Gedichte" (Vandenhoeck & Ruprecht), Burgschreiber zu Plesse.

Das Gedicht bringt das Ich des Autors am individuellsten zur Sprache. Ich bin nicht nur ich, ich bin auch das mir nächsterreichbare Exemplar Mensch.

Fünferleute an die Front

Klammer auf, Klammer zu.
Weißt du noch,
was alles hineindiktiert wurde
an Zahlen und Zeichen
an der Tafel in Mathematik –
ganz abgesehen davon,
was vor und was hinter
der Klammer stand?

Klammer auf, Klammer zu.
Heute staunst du,
wenn du noch staunen kannst,
was alles eingezeichnet ist
in ein Leben an Plus und Minus,
an Formeln zum Fürchten
und Ziffern zum Zweifeln,
an lösbaren und unlösbaren Aufgaben –

und was dem Ganzen vorangeht,
unter welchen Vorzeichen
du dein Dasein werten darfst
und ob hinter
der geheimnisvollen Klammer am Ende
noch etwas kommt –
und wenn, was?

Beim Lesen von
Geburts- und Sterbeanzeigen

Wir schreien uns
ins Leben hinein
und quälen uns
aus ihm heraus.

Was hat sich
der Schöpfer dabei gedacht,
wenn es
ihn gibt?

Fragenswert,
wenn
der Vorhang fällt
und das Licht angeht.

Passion tagtäglich

Er,
der das Haus bewohnbar macht,
als häuslich degradiert.
Derselbe,
sich der Berufung widmend,
als abwesend gebrandmarkt.

Er,
der Streit zu schlichten versteht,
wegen Harmoniesucht gelästert.
Derselbe,
der Sache auf den Grund gehend,
wegen Beckmesserei getadelt.

Er,
der anderen die Freiheit lässt,
der Gleichgültigkeit verdächtigt.
Derselbe,
auf Menschen in Treue wartend,
der Kontrolle angeklagt.

Er,
der sich im Schweigen sammelt,
der Abkapslung bezichtigt.
Derselbe,
das Innerste nach außen kehrend,
als Showman verkannt.

Er,
der die Gefahr beim Namen nennt,
als Miesmacher denunziert.
Derselbe,
dem Mut das Wort gebend,
als Schönredner abgetan.

STEFANIE BACHSTEIN, geb. 1950. Pädagogische, theologische und psychologische Ausbildung. Erste Veröffentlichung 2002: „Du hättest leben können", in der Verlagsgruppe Lübbe, ISBN 3-404-61480-1. Erfahrungsbericht nach dem Tod der siebenjährigen Tochter durch einen ärztlichen Behandlungsfehler, mit einem Vorwort von Prof. Dr. med. Thomas H. Loew, Universität Regensburg.

Ich liebe es, das treffende Wort zu suchen, bis es mir zuzwinkert wie ein Kobold und ich es finde unter dem brennenden Dornbusch.

Purpurblaue Lebenslust

seidenblaue Haut
Gänseblümchenblüte
streichelnd
ewigblaues Spiegelmeer

himmelblaues Haar
Herzmuschelschale
flüsternd
cyanblauer Mondenschein

kobaltblaue Hand
Schmetterlingslarve
strahlend
brillantblauer Zuckersand

saphirblaues Herz
Liebesschlüsselbund
lächelnd
vergißmeinnichtblauer Wolkenkuss

Wolkenhände

Als ich dich losließ

fingen
Wolkenhände
mich auf

und du
kamst mir entgegen

auf dem Gesicht
das Lächeln von
Melchisedek

König der Gerechtigkeit

Tränen

Tränen
wie Perlen im Spinngewebe

aus sanften Goldfäden
gesponnen

halten
die Welt zusammen

Wenn es Dich trifft
für Otto

Wenn es Dich einmal trifft,
trinkst Du den Kelch
mit zitternden Händen.

Wenn es Dich zweimal trifft,
stürzt Du zu Boden
bewegungslos
Opfertier
zum Altar gebracht,
dem Rat des Kaiphas folgend.

Wenn es Dich dreimal trifft,
dann Gnade Dir Gott,
wie damals,
als einer sprach:
Heute noch
wirst Du mit mir im Paradiese sein.

Luftspiegelung

Unter der himmelsblauen Burka
lautloser Schrei
aus verbrannten Bernsteinaugen

hinter Stoffgittern
Fata Morgana

im Wüstenmeer
das Gesicht
meiner kanaanäischen Schwester

Politischer Waschzwang
für S.

gelitten unter P. P.
Originalton:
„Ich wasche meine Hände in Unschuld"

Waschzwang
seit zweitausend Jahren
unheilbar

Ungezählte Nachahmer
mit und ohne Rückgrat
waschen ihre Hände

In was denn sonst?

THOMAS ECKER, *1960 in Neuwied/Rhein; Dipl.-Ing. (FH) agr.; Lyrik- und Prosaarbeiten; Mitarbeit in verschiedenen Anthologien.

Lyrik ist Ahnung und Erinnerung an eine andere Wirklichkeit.

Sommerregennacht

Regenrauschen in den Blättern
Straßen endlos
baumgesäumt
Lichterkegel spiegeln Wärme
kalte Lichter
nur geträumt

Tropfen prasseln an die Fenster
dunstbeschlagen
bitt'rer Rauch
Bierschaum auf
verwelkten Lippen
ich küsse Dich
Du küsst mich auch

Verrenkte Glieder
hungernd klammern
was Illusion uns vorgemacht
ich bin
in Deinem Hauch erfroren

Du warme Sommerregennacht

Sünde

Vorstadtlichter locken Motten
und wispernd züngeln blaue Schatten
über rissige Fassaden
in die welken Sternenblüten

Kerzen spiegeln dunkle Augen
fern und klar und oft geträumt
an Tagen die den Tod verspotten
und Regen um den Schmerz betrügen

Die Lust aus dunkelroten Beeren
lockt wie Sünde deine Lippen
tief in meine Gier zu tauchen
tief und tiefer – fern so fern

Abschied

Flammende Wälder
in brandigem Dunst
der Kartoffelfeuer.

Der letzte Sonnenstrahl
versinkt im silbernen Rhein.

Mein Herz steht still;
die Farben zerfließen.

Kahles Geäst streckt sich
über faulendes Laub.

Altweibersommer

Sorgsam gesponnen
in der Nacht.
Vom Tau geboren
und im Licht
des grellen Tages
zerflossen.

Wie das Glück
des Träumers.

Feuerwerk in Concarneau

Die brennenden Wipfel
himmlischer Wälder
zeichnen ihre Schatten
gegen die Sterne.

Und das ewige Meer
leckt im stetem Rauschen
ihre Wurzeln,
um als schwarzer Spiegel
die blinkenden Gestirne
zu bergen

Eine Feuerkugel
steigt hinauf
zerplatzt mit rollendem Donner
und malt ihre Blüten
in die Schwärze,
um ohne Duft
zu verwelken.

Sternennacht
nach einem Gemälde von Vincent van Gogh

Schwerblütig lastet die Nacht
auf blauschimmernden Hügeln,
die zum Dorfe hin fließen.
Du träumst und sehnst,
begehrtst und brennst
hinunter zu den einzeln
verlöschenden Lichtern.

Es ist nur der Wind,
der zärtlich Dich
im Schatten der Zypressen streichelt;
und das Immergrün züngelt
zu den niemals verlöschenden
Sternen empor.
Flackernd kreiseln ihre Lichtspiralen
über Dein Firmament,
wo die Mondsichel sich in Sonnen kleidet.

JASMIN-LUISE HERMANN, geb. 1973, wohnt in Berlin. M. A. in Neuere deutsche Literatur, Theater- und Filmwissenschaft (FU Berlin), Regiestudentin an der HFF *Konrad Wolf* in Potsdam-Babelsberg, veröffentlichte bisher drei lyrische Texte in LYRIK HEUTE.

Das Verfassen lyrischer Texte beschreibt für mich den Moment, an dem wenige Worte beginnen, aus jener Asche aufzusteigen, die vom Tage übriggeblieben ist – Worte, denen das große Feuer nichts anhaben konnte.

ich bin die
verlorene
zeit
die leere schlägt
in den händen der lebenden
röter als schwarz
lege ich nachtvoll den sand
der wind tut das seine
einmal sonnenlang stehen
woher kommst du
und wohin wirst du mir
verlorengehen?
die liebe des wollens
atmet verlassenes
in den stein
aschenauge blickt den
himmelsriss
gekommen bist du nicht
und wirst mir nicht verlorengehen

ich bin die
zeit
die leere schlägt
in den händen der liebenden

ich nahm das wort aus deinen
händen
das wort stand still
länger weilt's im traum
als im wachen

die augen zu schließen
wenn fliegende fische treiben
pupillenlang regen

ich verlor das wort
in den worten
aus regen

bleich sinkt der himmel herab
nächte mit salzrand
verbeugen sich leise

(laß' sie vorüberziehen
sie wiegen schwer
sie bleiben)

länger lebt's sich im traum
als im wachen

wie stark
wie schwach
das schwarz deiner stunde?

ich nehme das wort aus deinen händen
das wort steht still

ich liege weich
auf den spitzen der nacht
und bitte das wort
mich zu treffen

ich schnüre die fäden
ich speie das gold
kronen habe ich zerschmolzen

ich trinke stein
ein steigender fall durch die nacht
wer hält mich…

kein blut spricht zu mir
kein atem berührt –

ich lebe dazwischen

wir sagen
das schneidende
und trennen uns
schweigsam
ein blau aus den augen:

die nacht ist aus kahlheit
gewoben
ihr glanz brennt herab

wir sind
das trennende
und sprechen uns
schweigsam

entzwei

auch nicht der himmel
und nicht seine schlafenden meere
können mich jetzt noch trösten
ich weiß
du bist nur einmal
bist du für mich
nur einmal

hinüber ins nichts
groß seine nacht
und groß sein vergessen
wehe
der schleier will nicht fallen

auch nicht der himmel
und nicht seine schlafenden meere
können mich jetzt noch trösten
ja
du bist nur einmal
alles
bist du nur einmal –
zweimal sieht man nicht
zweimal lebt man nicht
das blau und nicht seine tränen
auch nicht der himmel
und nicht seine schlafenden meere
können mich jetzt noch trösten
ich weiß
du bist nur einmal
bist du in mir
wie ich in dir
nur dieses eine mal

standhalten dem sommer
wenn er kommt
mit blühendem welken
und streut seine blumen
und streut sein vergessen
auf unsre haut
blind wird
wer zu lange in die sonne schaut
blind wird
wer nicht schließt seine augen

auch nicht der himmel
und nicht seine schlafenden meere
können mich jetzt noch trösten
ich weiß
wir sind nur einmal
nur einmal jetzt
nur einmal
für immer verloren
nur dieses eine mal

ich träume dich

auch nicht der himmel
und nicht seine schlafenden meere
können mich jetzt noch trösten
ich weiß
du bist nur einmal

SIGRID MARIA GROH veröffentlichte bisher aus ihrem „ausufernden Tagebuch" mit Zeichnungen von Edward Lenaerts „Schwarze Orchideen – Bruchstücke", Omnis Verlag und „im abendland ein morgenland/im morgenland ein abendland/dein herz und meine seele", Edition de Maar.

Lyrik ist das Lächeln auf dem Stein der Waisen.

Exodus I

wenn die einen wenigen
einen Stein
zwischen sich und dem Stärkeren legen

wenn der anderen viele
den einen Schwachen
mit Steinen erschlagen

wer beklagt wessen Tränen?

wenn die einen
für die Macht der Freiheit
einstehen

und die anderen
für die Freiheit der Macht
marschieren

wer steht nur einen Steinwurf
                             entfernt?

wer teilt das Brot
mit dem Geschlecht der Steine
das den Menschen verneint?

der Mensch: sein Brot. sein Stein

II

David, wenn Du die Hand nimmst
und sie an meinen Mund führst
David, es spricht

David, wenn Du die Hand nimmst
und sie zu meinen Augen führst
David, es sieht

David, wenn Du die Hand nimmst
und sie an mein Herz legst
David, es singt

David, wenn Du meine Hand nimmst
und in ihr den Stein wäschst
David,

David, wenn Du meine Hand nimmst
und sie an die Schleuder setzt
David,

David, wenn Du meine Hand nimmst
und auf die Schläfe zielst

David, wenn Du meine Hand nimmst
und wenn ich Deine Hand nehme

David, sieh
die Sonne wendet sich
über der Stadt auf dem Blut des Jaspis.

III
Ex Oriente Lux

Urlicht, Zeuge des Friedens,
Auge der Abendsonne
unter uns: Tränen.

Land, aus der Stille gehoben,
Spiegel des Himmels,
der hier seinen Boden betritt,
wo todlos die Zeit,
aus der Seher gewoben.

Im Donner hör ich Dich Harfe spielen,
bis das Echo Deine Harfe zertritt,
tonlos die Berge, die umzingelt.

Der Traum wandelt in Lumpen gehüllt,
ihn wärmt das Eis, ihn heilt der Schmerz,
die seine Kleider tragen,
werden vor ihm sterben müssen.

Abermals ein Volk, die Namen
Wolken über der Wüste Stein
es schreit aus seinen Propheten.

Über dem Hunger unentwegt ein Wind,
auf ihm singt der letzte
von IHM gestillte Vogel,
der, der jetzt seine Schleuder nimmt.

In uns heraufbeschworen der Morgen,
der Tag, das Lächeln in der Furt
zu dem, der Amen sagt.

für Dr. Tenzin Choedrak, Tibet

KRISTINA DEGEN, Geburt 1933, Leben in Ahrensburg. Künstlerin. Veröffentlichungen von Lyrik seit 1978, „Lichtklänge" 1991 im Verlag Czernik, Kompositionen nach Lyrik „Gesang der Sterne" von Gustav Kneip, „Der Erde Mahnen" von Dieter Einfeldt, „Im Zeitenwind" von Eike Funck. Seit Jahren Lesungen von Lyrik im Zusammenklang mit Musik.

Gleich dem werdenden Falter, der im Kokon seine Metamorphose zum „Sonnentänzer" bereitet, suche ich in Zurückgezogenheit mich bewegende Gedanken zum Gedicht reifen zu lassen und diesem „Wortfalter" zu gegebener Zeit die ihm entsprechende Lichtsphäre zu gewähren…

Daidalos

Der Erdenmensch in seinem Wahn
Im irren Hochgemut vermeint
Der Planet sei ihm untertan

Er sei von Pflanze, Tier und Stein
Der hohe Herr, nur er allein

Erkühnt sich zu der Sterne Bahn
Verwegener, wer Gott verneint
Greift selbst in seines Schöpfers Plan

Ikaros

Zum Sternenhöhenflug
Sich Flügel Tollkühner geliehen
Scheint nicht genug der Erdplanet
Ein Nichts im All

Naht sich dem Sonnensturm
Dem Glutendunst und Flammenlohen
Des Geistes Schwingen sind verweht
Ein Nichts im All

Engelruf

Ein Scheiden ists, ein Sondern
Von Vertrautem dir im Leben
Wie auch lösen vom Geliebten
Nur geliehen von den Sternen

Bleibt nicht dein, was auch gestern
Aufgebaut, wird brüchig werden
Fortgeschritten, wächst ein Staunen
Dass es war, der Freund wird einsten

Dir ein Fremder, denn andern
Sinnes, was gemein, in Fernen
Galt also begrenzt für Zeiten
Folgst du deines Engels Rufen

M. Gündisch

MATHILDE GÜNDISCH, geboren 1935 in Donnersmarkt/Siebenbürgen/Rumänien. Diplomingenieurin – 30 Arbeitsjahre als Musterentwerfer- und Designerin für Modestoffe in der Textilindustrie, 10 Jahre Mitarbeiterin als Phänologin im DWD. Wohnhaft in Esslingen als Maler- und Dichterin. Vertreten in mehreren Gedichte-Sammelbänder.

Lyrik ist für mich der Weg zu Sonne Mond und Sternen, die auch im Dunkeln scheinen.

Gedanken im September

Geköpft die Freiheitstürme,
Grausames Geschehen!
Menschen versanken in
Qualmenden Feueröfen.

Wie viele Tausende
Sind es gewesen,
Die ins Inferno fielen?

Wo sind sie geblieben?

Aufgerissene Stahltrosse
Geben keine Leiber preis.
Keine Ruhestätte.

Seelendampf im Himmel?
Nur Gott die Antwort weiß!

Passion

Trauer annehmen
Aufgebürdetes Kreuz den
Dolorosaweg schleppend
Bis Golgatha tragen
Wie ER es trug.
Leid annehmen mit
Aufgedrückter Dornenkrone
Leidenschaftlich leidend
Unter blutendem Kreuz
Wie Maria es tat.
Auferstehung annehmen
Freudvoll mit Gottesvolk
Geschichte durchwandelnd
Himmelslicht schmecken
dass es auf Erden nie gab.

Gute Wünsche

Erinnerungen
Tanzend mit dem Wind
Über bunte Laubstege

Hoffnungen
Emporkeimend mit der
Saat im Acker

Leben
Dahinziehend mit den
Wolken über dunkelnde
Ströme der Zeit

Glauben
Aufleuchtend mit den
Glanzsternen Gottes
Schöpfungskrönend

Liebe
Sich schenkend
Fühlen ein Teil vom
Anderen zu sein

CLARA ISTERHEYL, 1964 in München geboren, lebt in der Nähe von Heilbronn, Technikerin, Soul – oder Das Andere Sehen

Gedichte sind die zahnfreundlichsten Betthupferl, die man sich vorstellen kann! Genauso sollte man sich die auf der Zunge vergehen lassen!

Denken ohne Bedenken,
Schreiben ohne Abzuschreiben,
Handeln ohne Abzuhandeln,
Wirken mit Bewirken,
Ändern mit Veränderungen,
so kannst du Ziele erreichen!

*

Was bleibt

Was bleibt sind
Bilder, Schriftstücke, Bücher,
Noten, Tonbänder, Kassetten,
optische und akustische
Zeitdokumente.
Vergehen werden
Haß, Liebe, Geduld, Ungeduld,
Hoffnung, Traurigkeit,
böse und gute Gefühle.

Warum?

Die Gedanken an Dich
fliegen wie ein Regenwind
durch meinen Kopf.
Fantasie läßt
Bilder wie Staubwolken
aufwirbeln.
Der Platzregen Realität
zerstört die Bilder
immer wieder.
Die Sonne Hoffnung
trocknet alles ab
und gibt uns
neue Möglichkeiten
für Wind und Wetter.

Manchmal

Manchmal bin ich wie ein
großer, ruhiger, tiefblauer See,
beständig, tiefgründig,
nicht seicht.

Manchmal bin ich wie ein
kleines, unruhiges, lichtgelbes Blättchen,
flatterhaft, leichtflügig,
nicht fest gewachsen.

Manchmal bin ich wie ein
riesiges, kräftiges, feuerrotes Lichtmeer,
mächtig, unendlich,
nicht oberflächlich.

Manchmal bin ich wie ein
winziges, flattriges, maigrünes
Grashälmchen,
zart, weich,
nicht ausgewachsen.

Manchmal kommt ein großer Wind,
und fegt alles durcheinander,
und nichts ist mehr:
aufgewühlte See,
vertrocknetes Blättchen,
fahles Lichtmeer,
verdorrter Grashalm.

Und wie bin ich dann?

RITA ROSEN, *1942; Soziologin und Theaterpädagogin, lebt in Wiesbaden. Schreibt soziologische Minidramen und Gedichte. Bisher Einzelveröffentlichungen und Beiträge in Anthologien. Ist Mitglied der GEDOK (Gemeinschaft der Künstler und Kunstfreunde e. V.) Rhein-Main-Taunus.

Das Buch am Abend
aufgeschlagen mein Gedicht
Gleichklang der Seelen

Garten mit altem Baumbestand

Eine Linde wächst in meine Küche
durch Schränke und Regale
windet sie sich
überall finde ich Blütenstaub
den ich trockne und trinke
mein Fieber zu heilen

Ins Eßzimmer ragen
Zweige des Kirschbaums
üppig beladen mit Früchten sehr reif
ich pflücke verstört Schattenmorellen
sie fallen auf den Boden
und bluten so rasch

In der Krone der Kastanie
steht das Sofa versteckt
meine Gäste suchen mich
der handgroßen Blätter
schillerndes Grün
schirmt mein Gesicht
ein spanischer Fächer

Auf dem Schreibtisch
verstreut Ahornblätter
sie verbergen den Brief
der am Morgen kam
ich müßte ihn öffnen
und sammle stattdessen das Laub
herbstfarben und grau

Nachts klopfen Äste an Fensterscheiben
hinter denen ich zu schlafen versuche
Trauerweidengesang
er begleitet mein Grübeln
und dringt in Träume
die schwer sind

Alte Weise

Ich teilte mein Erdloch
mit einem Maulwurf
zauberte die Sonne
das Mondlicht und
der Sterne Funkeln herbei
er aber klagte
daß das Licht
ihn blende
und grub sich fort

Einen Delphin umarmte ich
auf meinem Wasserbett
schmiegte mich an den kühlglatten Rücken
zerrte an seinen Flossen
und ritt wildjauchzend auf ihm
Feuergarben stürzten vom Himmel
mit dem auslaufenden Wasser
schwamm er davon

Ich zog mir einen Falken
länger als ein Jahr
schmückte ihn
mit einer Rolex aus Gold
Tüchern von Hermès
und Parfüms des Orients
als ich vergaß die Volière
zu schließen
flog er davon

seitdem irr ich umher
auf den Plätzen der Kinder
die mich neckend umringen
ihre alten Lieder singen:
Laurentius lieber Laurentius mein…

manchmal

scheint der Weg mir neblig
Flußlandschaft vor Reif und Frost

oftmals

dunkelt nach die Liebe
Halbmond schwindend Wolkendunst

vielmals

dämmerte der Morgen trübe
Schicksals Schleier hüllend trist

mehrmals

brachten Boten Briefe
Schriftzeichen umrandet schwarz

immer wieder

graue Reiher
heiseres Krächzen dumpfer Schrei
brechen Lachen helles Singen
bleiben mahnend Weggeleit

Auf einen keltischen Brunnen

Sirona

Frau am Wasser

Schöpferin

Wärme/Heilung/Lebenskraft

dreimal gerufen

in dunklen Tagen

an hellen

die Hymne

der Becher

gefüllt

Dichterinnen

Die eine
schrieb heimlich
im Schneckenhaus
Gedichte
voll banger Lust
versteckt
im Linnenschrank

Die andre
nachts
in einer Fregatte
Verse
morbide Phantasmen
verschlossen
in einem Hutkarton

Sie sitzt
im Auto
am hellichten Tag
und wirft uns
durchs Fenster Blätter zu
bemalt mit Worten
des Erlöschens

Wir sammeln sie
uns den Tee zu bereiten

Morgen am Meer

weit zurückgezogen

nur einige kleine
schwatzhafte
schaumbemützte Wellen
wagen sich
händchenhaltend
an den Strand
den leergefegten
um zu erzählen
von der Nacht
der Brandung

er aber gähnt

EDUARD J. KLOTER, *1926 in Basel. Dr. med. 51/FMH allgem. Medizin/Spitalarzttätigkeit in Thun, Bern, London, Basel. Drei Jahrzehnte Landarzt und Geburtshelfer im Voralpental Entlebuch, Amtsarzt/61 fürs SRK Gynaekologe im Congo/66–92 temporär in 20 Einsätzen als Délégué-médecin fürs IKRK in aller Welt/Veröffentlicht seit 79 meist lyrische Texte. Diverse internationale Ehrungen, zeichnet, aquarelliert, radiert autodidaktisch/Lebt seit 1985 am Vierwaldstättersee, im Entlebuch und im Mendrisiotto.

»Eduard Kloter, dessen Schreiben als lyrisches Sprechen eines Poeten mit der Dokumentation eines humanen Engagiertseins in einer fremden, notvollen Welt in Krieg und Hunger begann, versucht „gelebtes Leben" in knappe Worte zu bannen. Der beinahe spielerische Umgang mit der Sprache und der oft durchscheinende Schalk verbindet sich mit der Tiefe philosophischer Fragen…«
www.autoren.ch

Schatten-Worte

über den eignen schatten springen?
welch ein wunsch,
vermessen,
klug?
schatten kommt von licht,
von hier, von dort,
oft ferne,
als ein produkt der sonne,
des mondes,
einer laterne.

er kann schlagend sein,
diffus,
gekernt,
halo-gespenstisch auf dem nebelmeer,
zerhackt auf höckergrund,
kann wachsen,
fliehen,
tanzen,
wie wir selbst.

je nach dem winkel
dieses lichts
ist nun der schatten klein,
mal grösser, gross,
verzerrt, verformt,
mit langem körper,
kleinem kopf
oder ganz rund,
kompakt,
gleich unter mir.

ich liebe meine schatten,
hätte gern oft mehr,
als ausdruck vielen lichtes,
darin ich stehe
oder stehen möchte,
stehen muss,
um in dem rollenspiel,
das die gesellschaft
mir hat zugedacht,
gestützt zu sein,
und sei es nur
vom eignen schatten.

mein sonnenschatten sagt mir,
wo ich steh' auf dieser welt:
im norden lang und fliehend,
steht über mir die heisse sonne,
ist er kurz und fest,
und fällt auf grüne,
rote oder gelbe erde er,
so sagt er mir,
bei was für menschen
ich mich finde.

er ist begleiter meines ichs,
er schützt mich
vor der nacktheit,
hilft mir,
nicht blind
durch meine zeit
und meinen raum
zu gehn.
er will und darf und soll,
soll bei mir stehn.

Vergessen?

wie schlimm ist es
nicht zu vergessen,
was ich gesehen,
erlebt und erfahren?
vergessen
macht nicht ungeschehen,
auch nicht nach jahren:
die narben des vietcong,
den schrei der kinder
unterm napalm ihrer freunde,
den blutigen einriss
eines stricks am handgelenk,
das ulkus an vagina oder penis
vom elektroschock,
hungerödem und knochenfrass,
die pest, den typhus, cholera,
das brennend stürzende spital.

vergessen
macht nicht ungehört
das wimmern eines waisen,
den einschlag der rakete
gleich im zimmer nebenan,
das zynische lachen
eines wärters bei der tortur,
nicht ungeschehen
die schüsse aus dem hinterhalt,
das loch, genannt carcel del pueblo.
ich seh' verbannte chollas
aus dem altiplano
in feuchten yungas schwerer tropen,

ich seh' katanger,
acharniert im angriff
in den eigenen tod
und spür den schicksalsschlag
des nachbarn mit dem tumor,
den tod des ungebornen kindes

einer jungen, sehnsuchtsvollen frau
mit weiten augen voller trauer,
den treuebruch des freundes,
den zwang zum töten,
den ein mann empfand,
der keinen ausweg sah,
den exitus des alten patienten,
noch nicht erwartet,
vielleicht provoziert.

soll ich denn schönes
auch vergessen?:
den freudenblick der mutter
auf ihr noch ganz verkästes kind,
die kalten füsse und den
    warmen schweiss
im anblick blau und rosa scheins
am anapurna,
das weiche bett
nach wochen steinigen lagers,
das wispern des gebetes

aus der fahne –
es steht im wind
und wirkt im raum –

das hochgefühl der liebe,
der gelungenen operation,
das wunder einer heilung,
das placet des ministers,
ein ja des intendente,
den handschlag
eines eigenen sohns?

erlebtes leben lebt in mir
bewusst im sein, gestern und heute
und auch morgen.
ich will
erfahrenes ständig
in mir tragen
und es umfassen
mit verstehen,
dann werde ich geprägt sein,
sei's von schmerz und plagen,
sei es von hohem, schönem
und allem,
was mich führt hinan
zur harmonie,
die mir dann gibt
die schau des ganzen,
meines lebens.
dann beuge ich mein knie
und nehm' dies leben dankbar an.

vergessen?
       was, warum und wann?

HUBERT R. H. JÜNGER; *1935; lebt in Flensburg. Freier Unternehmer–Berater und Unternehmer; Fachbuchautor; 2001 Bäckerkälte… und viel mehr; 1992 Urtinktur Amrum – Erzählungen, Lyrik, Aphorismen, Fragmente; 1995 beim Haiku-Wettbewerb der Deutschen HAIKU-Gesellschaft zwei vordere Plätze; 2000 Blätter treibt der Wind.

Ich will mich unterhalten und bin glücklich, wenn auch meine Leser lachen, lächeln, schmunzeln oder den Kopf schütteln. Keine Botschaft! Es sei ein Ganzes stets in meinem Handeln, auf daß Ihr mich erkennt in meinen Werken.

HAIKU

Manchmal ein Lüftchen
Schneekörner rascheln ins Laub
die Natur verschnauft

Fliegende Schwäne
weiße Unbescheidenheit
vor Wolken und Schnee

Zu meiner Freude
lädt der Lavendel täglich
zum Hummelwallflug

*

Wenn die Butlaya
Hof hält, schmückt sie sich festlich
mit Schmetterlingen

Welch' buntes Treiben
das Leben schwingt und flattert
im Schmetterlingsbaum

Unter dem Ahorn
im Park wartet der Wächter
auf das letzte Blatt

Erstarrte Eichen
am zugefrorenen See
Herz, stör' nicht den Specht

Gute Nacht, Sonne,
überm Meer folgt dir schon der
Oktobervollmond

Schweben möchte ich,
raunzte der Wurm. Frau Amsel
lieh ihm die Flügel.

Wolken jagen tief
lassen der Sonne ein Loch
mir zu Gefallen

*

SENRYU

Auf Klosterpfaden
überläßt mich ein Windhauch
dem Abendläuten

In Frieden mit mir
spüre ich Leben fließen
und lasse es zu

Atemzug – du Maß
für die überreiche Welt
der Siebzehnsilben

Beide sind ein Paar
mein erster Atemzug und
mein letztes Yang

In langen Nächten
laufen die Gedanken los
bringen Antworten

Laß die Träume frei
und vertraue dich ihren
Wirklichkeiten an

Nun trollt sich der Mond
und legt in deine Träume
unser Geheimnis

*

Leben und Liebe,
Gott, Wahrheit und Tod sind mir
die Synonyme

Verflogen ein Jahr
durch Blattwerk trifft mich ein Strahl
aus deinen Augen

Gerade dem Meer
entkrochen treten wir die
Erde mit Füßen

WILFRIED KAPTEINA, *1936, lebt in Leverkusen, Dipl. - Hdl., Bankkaufmann, Archivdirektor i. R. Buchveröffentlichungen: „Scharf belichtet", Lyrische Momentaufnahmen, Fulda 1997. „Ein Schmetterling im Winter", Lyrische Kurzprosa und Gedichte, Fulda 1998. „Er ist groß – er bückt sich", Gedichte, Oldenburg 2000.

A: Ich bin Lyriker.
B: Das macht nichts. Ich habe auch meine Schwächen.

Neigen

Die Mutter neigt sich über das
Bett des schlafenden Kindes.

Ich neige dazu, dieses Bild schön
zu finden.

*

Ansätze zum Glück

Er sah den Ansatz einer Knospe.

Ich sah den Ansatz eines Lächelns
auf seinem Gesicht.

*

Sensibel

Sie hat eine empfindsame Seele.
Sie leidet Höllenqualen.
Sie kommt in den Himmel.

Aufgeben?

Milchig geht die Sonne auf.
Blutrot geht sie unter.
Was hat der Tag aus ihr gemacht?

*

Durchstreichen

Wir haben den grünen Wald
durchstrichen.

Streich diesen Satz durch:
Wälder sind nicht grün.

*

Klirren

Wir waren bei klirrendem Frost
draußen.

Drinnen klirrte der Kandis-Zucker
gegen das Teeglas.

Träume

Der Krieg ist beendet.
Ein Traum ist vollendet.
Neue Kriege brechen los.
Was wird aus meinen Träumen bloß?

*

Grenzenlose Freiheit?

Siehst du Schranken?
Nur nicht wanken!
Sei zufrieden mit dem Pferch.
Es jubiliert die Frühlingslerch.

Brauchst du Schranken?
Es ist zu danken
für alle festen Grenzen –
Herbst, Winter, Sommer, Lenzen.

Willst du Schranken?
An ihnen ranken
Hoffnungsrosen sich empor.
Dankbarkeit im Jubelchor!

*

„Wenn du dich demütigst, machst du
dich groß" (Psalm 18, 36)

Er ist groß.
Er bückt sich.

ELISABETH KOCH-DENKHOF, geboren 1925 in Schlesien, lebt in Büchlberg/Bayr. Wald. Schwerpunkt ihres literarischen Schaffens: Religion, Philosophie, Mystik. Neben Veröffentlichungen in zahlreichen Anthologien liegen drei eigene Bücher vor. 1987 „Rosen im Wind", 1991 „Das Rad der Zeit" und 1999 „Vater, Deine Schöpfung".

Was für Beethoven die „Ode an die Freude" war, ist für die Lyrik höchster Klang der Sprache.

Sokrates

Du wolltest durch ein eindringliches
　　Fragen
vermeintliches und scheinbares
　　Wissen zerstören.
Du wolltest damit zu einem Wissen
　　gelangen,
das wahres und dauerndes Sein erfaßt.
Du wolltest alles Herkömmliche
　　in Frage stellen.
Es müsse jeder dieses Wissen in sich
　　selbst erarbeiten
und deine Methode des ruhelosen
　　Fragens helfe ihm.
Du lehrtest ferner, daß das Sittliche
　　erkenn- und lehrbar sei,
und daß durch Einsicht rechtes Handeln
　　käme.

Anaximander von Milet,

Lange schon vor DEMOKRIT hast Du in
　　deiner Schrift
»Über die Natur« uns den Begriff des
　　»απειρον« gelehrt
und was da heißt:
unbegrenzt, grenzenlos, das qualitativ
　　Unbestimmte.

Du sagtest, das Apeiron läge jedem Ding
　　zu Grunde,
es wäre göttlich, ewig, unvergänglich
　　und auch alterslos.
Es wäre gleichzeitig räumlich unendlich
　　und Urgrund alles Seienden.

Und meintest Du damit die göttliche
　　Substanz
im Urgrund allen Seins, aus dem die
　　Formen
in den Raum und in die Zeit entsteigen?

Und Demokrit,

Du meintest, daß das unendliche Heer
　　der Atome
sich ruhelos durch die Äonen aller
　　Schöpfung
in ihrem kosmischen Reigen unentwegt
in der vermeintlichen Leere wiegen,
und daß mit ihrem Tanz durch alle Zeiten
die Schöpfung ihren Anfang und auch
　　ihr Ende nimmt.

Was ist denn diese Leere?
Ist sie der Urgrund allen Seins?
Ist sie einem eisigen Schneefeld gleich?
Und erst die gleißenden Strahlen
　　aus dem göttlichen Licht,
der ewigen Sonne,
bringen lebendige Bewegung,
　　Leuchten und Wärme.
Ein Strahlen und Verändern der Substanz?
Ist es das Strahlenfeuer aus dem Licht
　　des EWIGEN,
das nun das Sein zum Tanzen lädt?
　　Sind es die Funken,
die aus der Sonne des EWIGEN fallen,
die sprühen und verändern?
Sie tanzen gleich Atomen auf dem
　　eisigen Feld
und erschaffen den wärmenden Wind,
der die Zeiten bewegt im wirbelnden Tanz.
Ein Abstieg des göttlichen Lichts
in den eisigen Hauch der vermeintlichen
　　Leere.

GOTT

GOTT ist der anfanglose Schöpfer.
Er offenbart den Kosmos aus sich selbst
    heraus
durch konstruktives Denken, und das
    geschieht
nach einem von ihm gewollten
    Evolutionsgesetz.
Wenn sich die kollektiven Schicksale
der Individuen aller Welt einst erschöpfen,
so schließt der Offenbarungsreigen
Seiner Weltgeschichte.
Dann sieht der Schöpfer es auch
    an der Zeit,
Sein Weltbild in sich selbst zurückzuziehen

und dennoch alle Formen samengleich
in sich aufzubewahren
und irgendwann zu neuer Zeit,
wenn ER es an der Zeit hält,
einen Kosmos neu zu schaffen.
Und deshalb kann auch nichts
    verlorengehen,
weder die Form noch eines seiner
    Individuen,
auch wenn sie zeitweilig das Wissen
von sich selbst verlieren,
wie durch einen Schlaf oder den Tod.
Und GOTT beinhaltet uns ewiglich.
So wie der Mensch im Traum die
    Traumgebilde

die er schafft, getrennt betrachtet,
und sie nichts anderes sind als
    Traumgestalten
und aus seinem Geist geboren.

Und all' die Dinge in eines Menschen
    Traum
erfährt der Träumer stets stabil –
wie in einem Tageswachzustand.
Er handelte und beobachtete im Traum
    zugleich.
Erst aus dem Traum erwacht,
weiß dann
der Mensch,
daß er der Schöpfer seiner
    Traumgestalten war.

*

Und während nun der Träumer

die Schöpfung seiner äußeren Welt
    vergißt,
so kehrt nach dem Erwachen
alle Erinnerung an sie zurück,
denn GOTT in ihm ist nicht nur
der Schöpfer seiner Weltvorstellung,
sondern auch der Beobachter
    des Individuums,
der seine Eindrücke und Handlungen
registriert und aufbewahrt.
Und nur solange GOTT, der Schöpfer,
Seine Weltvorstellung denkt,
solange ist sie existent;

sonst würde sie – nach Shakespeares
    Worten –
sich auflösen und nicht ein Wrack
    zurücklassen.

GOTT, MEIN VATER

ich habe Dir unendlich viel zu danken.
DU gabst mir Augen,
um die Schönheit dieser Welt zu schauen;
DU gabst Empfinden meiner Haut,
die Wärme eines Sonnenstrahls zu spüren;
DU gabst mir Beine,
um den Weg zu gehen,
und auch die Kraft, die Füße anzuheben,
damit kein Stein mich stoßen mag;
DU gabst mir Hände,
das Gesicht des Nächsten liebevoll zu
    kosen und auch das Brot mit ihm zu
    teilen und den Wein.
DU gabst mir Ohren,
um all' den Klängen der Natur zu lauschen,
dem Meer, dem Wind, dem Vogelsang.
DU gabst mir Sprache,
daß ich dem Willen DEINES Wortes ganz
    genüge
und nur in Güte und Geduld
mit meinem Nächsten sprechen soll.

Laß mich, o HERR,
DIR, meinem GOTT und VATER,
für all all das Schöne danken.
Hilf mir, daß all mein Wollen
stets mit dem DEINEN sei.

Auch wenn mein Herz oft voll ist von
Traurigkeit beim Anblick all' des großen
Leides dieser Welt. Ich weiß, mein VATER,
DU bist uns immer nah.

Hilf uns, o HERR, erlöse uns von aller Pein
durch Deine Gnade, Liebe und Barmherzigkeit.

BRIGITTE LÜCK, *1930; lebt in Nentershausen/Hessen. Puppenspielerin, Puppenspielautorin, künstlerische Anerkennung des Kultusministers.

Ich schreibe, damit meine Seele frei wird.
Und in der Hoffnung, dass wenigstens einige meiner Leser durch diese Lektüre Befreiung erfahren.

ich
will mich
in
dein
verstehen fallen lassen,
du
liebster du,
du
sollst mich sanft entführen
zu dir
mein glück,
in meinen träumen
lausch ich
deiner stimme,
die mich erfüllt
und
atem ist
für
meine seele
du liebster du

sand

eine hand voll sand
bring ich dir mit
du sollst ihn
fühlen
mit deinen händen
die sonne spüren
die ihn gewärmt
er soll dich zärtlich
streicheln
wie eine hand voll glück

In den Dünen

Vom Winde geweht
ein Hügel aus Sand,
bewachsen mit Gras.
Der Wind streichelt die Halme,
Vogelstimmen überall,
unendlich der Blick über's Meer.

Staunen erfüllt mich.

Dank an Dich, Du guter Gott.

*

glück
wie
soll
ich
dich
beschreiben

ich
kann
es
nicht

ich
spüre
es

meer…

…unendliche weite

am horizont schiffe
gleiten dahin
nehmen
die sehnsüchte
mit…

*

gedanken

wie

berge

aneinander

gekettet

nach

erfüllung

durstend

herbst

blätter lautlos
laub wirbelt
kastanien fallen
fang mich auf
du

*

schnee

schnee
unter meinen füßen

rein
ein hauch der seele

schritte gefrieren

tannenzweige geschmückt
wie eine braut zur hochzeit
neigen sich zur erde

einsamkeit im herzen

ruhe

augen geschlossen
ich an dich
du an mich
vogelgezwitscher

*

unterwegs

gedanken
kreisen
lassen

dahin
dorthin

angekommen

Barbara Knorr

BARBARA KNORR, Studium der Germanistik, Diplom in Rezitation und Schauspiel. Wohnhaft bei Basel. Tätigkeit als Lektorin, Rezitatorin und auf kunstpädagogischem Feld.

Lyrik… die Liebe des Menschen zur Welt wird für einen Moment sich erfüllende Wirklichkeit, die im „Noch einmal sagen" der Schöpfung als ein rein individuelles Echo sich zugleich in Übereinstimmung mit allen Mitmenschen wissen darf.

Heidelberg

Süsser weicher Wind und Helle,
Welche dunkles Sein verklärt…
Golden Zaubersonnenwelle
Macht mich wieder unbeschwert.

Frohe Menschen, hell die Straßen,
Liebeswarme Wälder weich…
O – und Blumen, die vergaßen,
Daß ich bin – und ich bin reich!

Dolomiten

Geblühte Wand
Auf weissem
Willensfenster –
SAH ich Gott?
Ich sah –
Des Goldes Willen,
Weihestimmung
In gestirntem
Seligen Vergessenszauber…
Wo die Wurzel
Gottes duftend
Linien glüht
Geschwung'ner
      Strahlen!

Zürich-See

November-See…
Grau Meergewimmel
Erhebt sich gegen
Glut und Himmel –
Der Berge Kranz
Verdämmernd blaut
Im Rosenschimmer
Linien traut
Zu Duft der reinsten
Filigrane…
Dass ich mein Glück
In Himmeln ahne…
Und atme Blicke
Golddurchtaucht –
Von Gottes Schwingen
Schwanumhaucht!

Im Silberduft des Berges Singen
Durchdringt der Seele sinnend Lied…
Ich kann tief in Dein Wesen schwingen,

Das hinter allen Bildern blüht
Und sanft geweiht erloht im Runde…
So wie der Adler heimwärts zieht

Zu heilig goldner Abendstunde.

Weiches kühles Weh'n –
Durch die Sommernacht
Ist der Mond zu seh'n.

Süsses Duften wacht,
Wolkenfetzen ziehn –
Durch die Birken sacht

Raschelt Wind dahin.

Anbetender Engel
Fillipino Lippi

Singe, du weiter Gott,
Kreise dein Sein.
Heiliger, herrlicher Gott,
Bin ich denn dein?

Bin ich die Tiefe so
Über dem Tod.
Bin ich wohl ewig froh –
Großes Gebot.

Singe auf mir, o Gott,
Stärker dein Du.
Zitternd bewahre ich
Dir in mir Ruh.

REINHARD KOCH, *1962, lebt in Schmitten. Dipl.-Ing. der Nachrichtentechnik.
Lyrik – auf Papier festgehaltene Momentaufnahmen der Seele, die das Erfühlte verdichten und dem Leser zugänglich machen.

Abendzauber

Klang und Raum im Licht verwoben,
Hoffnungsfülle Sterne schaut.
Warme Haut und wildes Toben,
Kindertraum aus fernen Tagen.
Alte Bäume, zarte Blicke,
Abendschein im Kerzenlicht,
Liebesworte rührn die Seele,
tauschen miteinander aus,
farbenfrohe Welt im Wandel,
fallenlassen tief und tiefer,
ohne daß man wirklich fällt,
denn die zarten Arme halten
ohne Kraft durch Schmiegen fest.
Traumgebilde ziehn vorüber,
lassen diesen Augenblick
raumerfüllend innehalten.
Trauer und Traurigkeit
gibt es nicht in dieser Welt.

Stille singt

Still sein, die Gedanken senken,
hören wie der Ton verklingt.
Alles Hier hört auf zu denken,
leise mir die Stille singt.

Wenn die Stille mich berührt,
sanft durch meine Seele streicht,
wird mein Selbst zu Gott geführt,
all mein Leben ist nun leicht.

Gewidmet Mutter Meera in Liebe und Dankbarkeit

Auf der Suche

Ich habe mich verloren
als ich suchte.
Nachdem ich das wußte
ging ich zurück,
doch da war niemand mehr,
jetzt suche ich mich.

Das Lied des Sommers

Schwalben tanzen hoch
vor den dunkel ziehenden Wolken,
verkünden das Lied des Sommers,
wollen dir sagen,
daß das Leben ein Spiel ist,
so leicht, so voller Wärme.

Möchten dich mitnehmen
auf die Reise,
möchten dich teilhaben lassen
am quirligen Tanz
hoch über der Erde.

Rufen dir
das Lied der Freiheit zu.
Möchten dich
zu neuem Leben verführen,
wollen dir sagen, daß du lebst.

MARIA SCHULZE-KROIHER; geb. 1931/Böhmerwald, wohnhaft Gemünden/Main. Krankenschwester, Studium an der Pädagogischen Akademie, Mitarbeit bei verschiedenen Zeitungen und Anthologien. Eigene Publikationen: „Geh ein Stück mit mir!" Gedichte, „Aus Böhmens Wäldern", Chronik, „Unterm Regenbogen", Dokumentation, „Geborgte Stunde", Roman, „Im Schatten des Thomas-Berg", Kurzgeschichten.

Erfülltes Leben – ohne Erfüllung aller meiner Wünsche? Es sind meine Träume, die mir dazu verhelfen!

Ferne…

Ferne –
ein Begriff,
schwer definierbar.
Eine geographische
Gegebenheit?
Täler,
Hügel,
Flüsse
und Grenzen,
die trennen?
Vielleicht
unsichtbare Mauern,
selbst errichtet?
Schutzwälle
gegen die eigene
Verletzbarkeit?

Ferne vermag
aber auch
Sehnsucht
zu wecken.

Ferne – Nähe
dazwischen
eine schwankende
Brücke…
Sie zu betreten
erfordert
Entschlossenheit,

Mut,
dem Gefühl,
und einmal nicht
dem Verstand
den Vorrang
geben,
und
viel Geduld.

Für ein bißchen
weniger Ferne
lohnt sich
zumindest
der Versuch,
es mit der Brücke
zu wagen…

Leben?

Unter verkrüppelten Bäumen
alles vergessen
Zeit nicht messen
Zeit versäumen
in den Blätterhimmel träumen
einen Sonnenuntergang erleben
spüren wie die Gräser
im Lufthauch erbeben
im Dämmern einen Strauß
schnell noch winden
glitzernde Steine finden
über die Milchstraße gehn
im Tale Lichter erspäh'n
in Erinnerung versinken
bleiben bis die Sterne blinken
nicht versuchen sie zu zählen
die Hellsten draus erwählen
Traum und Wirklichkeit nicht trennen
Die Chance des Augenblicks erkennen
gemeinsam mit den Heidekobolden
verrückte Dinge machen
und lachen lachen
sich am Ruf des Käuzchens
nicht stören
die Musik im Herzen hören
sich ganz dem Augenblick geben
das ist Leben
gelebtes Leben!

ANDREA MÜLLER-NADJM, *1963; Nentershausen; Physiotherapeutin/Honorardozentin/Mitglied LW Bad Hersfeld.

Gedichte sind in Worte gefasste Gefühle mit Hoffnungen, Gedanken, Erfahrungen, Wünschen und Phantasien, aufgeschrieben um den Kopf frei zu machen für Neues.

Versuchung

Kennst du die Versuchung
die geschickt wie eine Ranke
an deiner Standfestigkeit
empor klettert
sie in Besitz nimmt
und schwach werden lässt
bis du den Halt verlierst
und nachgiebig kippst
das Fallen endlos genießt
den Aufprall verzögerst
der sich aber nicht
vermeiden lässt
und dich
schmerzhaft straft

Momente

die als Schrecksekunden
uns plötzlich konfrontieren
mit
beinahe
um ein halbes Haar
lassen unser Blut
im Zentrum schockgefrieren
bis
Haaransätze
sich eiskalt aufrichten
und das Herz
im Jagdgalopp
ohne uns davonrast
hinterlassen
angespannte Wachsamkeit
für eine Weile
oder zwei

Die alten Wilden

Erquickend und belebend schön
Du Ursprung allen Lebens

Den Weg im Schoß des Tals gefunden
Voll Frieden wispernd fließen

Bald folgte dir das Mauerwerk
Und schritt dir nah und näher

Des Malers Winkelwindungen beraubt
Gerade war dein Opfergang

Welch ungleich Kampf
So schien es mir

Dir ward der Krieg beschert
Doch unbewaffnet kamst du nicht

Du sprengtest deines Bettes Fesseln
Und nahmst dir mit Gewalt

Die Freiheit
Deinen Weg zu gehen

Planung

Beseelt von der Idee

einer Versuchung

geistern Eventualitäten

durch ungelebte Wünsche

voll Hoffnung und Erwartung

aber auch Risiken

die durch mentale Vorbereitung

minimiert werden

ohne den Möglichkeiten

den Reiz zu nehmen

Wege

Du kannst rennen
    oder schleichen

Du kannst Umwege machen
    oder zielstrebig schreiten

Du kannst im Kreis irren
    oder auf der Stelle treten

Du kannst allein gehen
    oder zu zweit

Du kannst empor steigen
    oder hinab fallen

Du kannst stehen bleiben
    oder weiter gehen

Du kannst die Richtung wechseln
    oder umkehren

    aber gegangene Wege kannst
Du nicht rückgängig machen

Schrei

Warum hörst Du nicht
Was ich nicht sagen kann

Warum kommst Du nicht
Wenn ich allein sein will

Warum übersiehst Du meine Tränen
Wenn ich lache

Warum gehst Du in die andere Richtung
Wenn ich am Ende bin

Warum fängst Du mich nicht auf
Wenn ich zum Himmel hoch jauchze

Warum läßt Du Dich täuschen
Wenn ich sage es geht mir gut

Warum hörst Du nicht
Was ich nicht sagen kann

    und warum
    kann ich es nicht sagen

KURT F. SVATEK lebt im südlichen Niederösterreich, hat bisher 17 Bücher (Lyrik, Aphorismen, Essays, Kurzgeschichten, ein Roman) veröffentlicht und wurde in 9 Sprachen, darunter auch Griechisch, Japanisch und Hindi, übersetzt. Er ist Mitglied literarischer Vereinigungen und erhielt bisher zahlreiche Auszeichnungen.

Lyrik ist das Weben eines Spinnennetzes aus Wortfäden. Gleich dem Werk einer Spinne, ist das Gebilde auch nicht durch starken Gegenwind so leicht zu zerreißen.

Urgrund

Da gibt es einen Augenblick,
der enthält schmerzhaft schon fast alles:
Er ist der Tod eines Tages
und die Geburt des anderen.

Er beinhaltet den Keim
von Annäherung und Freundschaft,
von Liebe und Treue,
Stillstand und Vergessensein.

Er enthält längst schon den Ansatz
deines traurigen Blickes aus den großen
    Augen
und den meines gequälten Lächelns
mit den dünnen Lippen als Antwort.

Er kennt das runde, volle Gesicht
der fahlen Mondgöttin
und auch, wie es sich durch den Schleier
des Erdschattens verfinstert.

Und er läßt von ihrem Licht ganz zaghaft
auf die Sonne schließen.
Da gibt es eben einen Augenblick,
der enthält ein Gen der Zeit.

Dem Traum voraus

Wer jagt als Kind nicht
dem Windspiel der Blätter nach
wie später jedem guten Wort?

Wer reicht dem Augenblick nicht
    die Hand
und verschenkt nicht gerne Rosen
in all den symbolischen Farben

wie kirsch und mandarin,
koralle und lachs,
rubin, granat oder purpur?

Und wer denkt
bei seinem Vergnügen schon daran,
daß sowohl die Blätter dem Tode geweiht
    sind
als auch die Blumen?

Immer schon

An vielen geht der Tag vorbei,
als feiner Herr mit Hut und Cut,
an andern in dem Vielerlei,
wie jemand, der so gar nichts hat.

Und doch ist er derselbe Tag,
derselbe Wind; dasselbe Licht,
das einer besser nützen mag,
dem andern nicht sosehr entspricht.

Weil auch der Mund derselbe ist,
der einmal herzt und einmal scherzt,
der bitter klagt und dennoch küsst
und auch mit spitzen Wörtern schmerzt.

Weil auch der Mensch derselbe ist,
der Wunden fügt und Wunden heilt,
der Liebe sät und Liebe misst,
der rastlos hetzt und still verweilt.

Weil auch die Welt dieselbe bleibt,
was einer sagt und denkt und kann.
Wenn mancher Wolken selbst vertreibt,
so regnet es woanders dann.

An allen geht der Tag vorbei,
als grober Klotz, als stiller Mann,
trotz Hoffnung in dem Einerlei,
die sich der Träumer noch ersann.

ULRICH KASPAR, *1959, Bonn; Anglist, Phonetiker und Kommunikationsforscher, freier Autor; „Der Starkbierkaiser" (1986), „Politiker beschimpfen Politiker" (Hg., 1998/1999/2001), „Unbequem zwischen den Zeilen" (1999).

Lyrik: Antidemokratische Vereinsamung, diktatorischer Weltverbesserungsversuch, erhobener Zeigefinger des schlechten Geschmacks und selbsternannte Hohepriesterin gekaufter Welten. Ach! was soll's.

Efeu

Der Backstein gibt sich gefangen
Der Mörtel hält Versprechen
Die er nie versprach
Und dann gibt die Dämmerung dem Efeu
seine Würde zurück

Dem Efeu, der ohne den Backstein nicht
    wäre
Gut Freund sind sie kaum
Waffenbrüder – nein, Genossen – vielleicht
Die Neugier der Jugend verbindet sie nicht
Vergangenheiten geben einander halt

Klammert sich an Fenster
Sein Enigma nicht dechiffriert
Spielt zum Tanz nicht auf, nur
Der Herbst kleidet ihn
Da trotzt er dem Sturm

Kann den Frühling nicht bezahlen
Aber für den Herbst genug
Und klettert seinem Stolz entgegen
Erst die Dämmerung gibt dem Efeu
seine Würde zurück

Stolzer Mohn

Stiehlt sich durchs Korn
Ein Napoleon krönt sich selbst
Spricht Lob dem Wind

Fragt nicht nach Herkunft
Schon schweigen die Ähren
Sein Rot obsiegt tausendfach Gold

Erst wenn es zu spät ist
Ist es genug
Nur das Getreide spricht Bände

Reinkarnation hält das Zepter
Mit der Frucht geschlachtet
Bauernopfer, das Martyrium selbstgewählt

Spricht Lob dem Wind
Stolzer Mohn

Stolzer Mohn
Spricht Lob dem Wind

Gedichteschreiben
(Délire [ou réflexion?] de Monsieur Rapsaque)

Gedichte schreiben: das heißt
Die Einsamkeit eines Menschen
Und die Einsamkeit eines
Weißen Blattes zusammenzufügen

Mit Geduld und Tinte und viel Glück
Entsteht, mag sein, ein Papierflieger
Diesen überlasse ich dann dem Wind
    und vielleicht
Findet er dann den Weg auch zu euch

U. A. w. g.

MARGITTA AY, geboren 1950. Wohnhaft in Schortewitz/Sachsen-Anhalt. Tätig als Dipl.-Ing. für Biotechnologie an der Hochschule für angewandte Wissenschaften in Köthen.

Ein Gedicht in rhythmisch gebundener und melodisch gehobener Sprache zu schreiben, als Ausdruck meines Innern oder als Spiegel der Welt, das fasziniert mich an der Lyrik.

Sehnsucht

Als ich heut den Morgen sah,
mir die Erinnerung sagte,
Du bist weit fort, weit fort von mir,
wo bist *Du* nur, ich fragte.

Der graue Morgen schüttelt sich,
er schleicht auf samten Pfoten,
ich liebe *Dich*, ich brauche *Dich*,
schickt' gern *Dir* einen Boten.

Wie soll ich das nur übersteh'n,
wir sind schon lang ein Paar,
ich lieb *Dich* dreißig Jahre schon,
ist grau auch manches Haar.

Die Jugend ist nun nicht mehr *Dir*,
auch mir ist sie entschwunden,
doch lieb ich *Dich* wie damals noch,
froh, dass ich *Dich* gefunden.

Nun hoff ich, dass der Tag vergeht,
sich nicht so lang mehr ziert
und *Du* zurückkehrst heute noch,
damit mein Herz nicht friert.

Heimatland

Ich war an manchem fernen Ort,
an wunderschönen Stränden,
doch blieb nur kurze Zeit ich dort,
wollt nicht von Dir mich wenden.

Von Dir, Du liebes Heimatland,
mit den vier Jahreszeiten,
mit Ost und West, das sich verband
und vielen Herrlichkeiten.

Ich fand das Glück in diesem Land,
hier sind Erinnerungen,
die wischt man nicht so von der Hand,
sie sind ins Herz gedrungen.

Kindheitsträume

Kindheitsträume sind wie hohe Bäume,
sie scheinen bis in den Himmel zu geh'n,
doch wird man erst älter und älter,
beginnt das Versteh'n.

Kindheitsträume sind bunte Bäume
und man beginnt aufzusteigen,
hält sich fest an den Zweigen,
lässt nicht los und wird groß.

Kindheitsträume sind bald alte Bäume,
brauchen Pflege und Kraft,
bis der Gipfel geschafft,
dann das Hochgefühl, man ist am Ziel.

Kindheitsträume werden kahle Bäume,
nun kann man weit blicken,
sich an Erinn'rung erquicken
und Erwachsenenträume stricken.

Klassentreffen

Erwartungen,
fröhliche Gesichter,
erstaunte Augen,
sich erkennen,
Erinnerungen,
lautes Lachen,
versonnenes Blicken,
bejahendes Nicken,
trauriges Schicksal,
bedauernde Gesten,
verstehen,
verwundern,
alte Fotos von damals sehen,
neue Fotos, die Familie,
Gläser klirren,
Gedanken schwirren,
wieder lachen,
Bilder auch von heute machen,
Lebenswege,
Schulter klopfen,
müde werden,
sich verstehen,
aufgeregt nach Hause gehen.

Frühlingserwachen

Ein Hauch nur ist es, der uns streift,
ein kaum spürbares Beben.
Der Frühling hat sich eingestellt
und will sich nun erheben.

Es ist eine verborgene Macht,
die an der Erde rüttelt
und die Natur davon erwacht,
sich schlaftrunken nun schüttelt.

Herbstwunder

Die Herbstzeit ist so wunderschön,
die letzten Rosen blühen,
man muss die Wunder oft nur sehn,
sich stets darum bemühen.

Der Tau im Netz der Spinne glänzt,
wie Diamanten funkeln,
und Glimmerleuchten Wolken grenzt
bevors beginnt zu dunkeln.

Den Bäumen hat ein buntes Kleid
der Herbst nun angezogen,
die Farben leuchten endlos weit,
und Sturm beginnt zu toben.

Den Sternenhimmel in der Nacht
bizarre Wolken zieren,
das hat der Herbst sich ausgedacht,
und es beginnt zu frieren.

Im Morgengraun Kristalle schwer
die Halme niederdrücken,
sie sehen aus als wollten sie
zur Wärme hin sich bücken.

PAUL GERHARD REITNAUER, Dr. rer. nat., Biologe; Dresden; *1922 in Ludwigshafen. Publizierte Lyrik: Hundert private Gefühlsausbrüche, 1961 (von DDR-Stasi verboten), Nachdruck 1991; Verse in fünf Büchern der EVA Berlin, 1979–84, u. a. m.

Gedichte sollen keine Rätsel, ihre Inhalte klar, wahr und weltoffen sein. Ein „freier und doch gebundener" Fluss der Sprache, Prägnanz und Kürze veredeln sie.

Wasser

Wasser ist das Blut der Erde
und der Mensch trägt es in sich,
inneres Urmeer-Nährstrom-Erbe
für Gedanke und Gebärde,
Labetrank auf deinem Tisch.

Wasser schafft Geschehensräume,
schneidet Schluchten steil und schroff,
trägt zum Himmel hoch die Bäume,
ins Bewusstsein Licht und Träume
und ins Herz den Atemstoff.

Ja, es ist des Lebens Wiege
und auch die der Phantasie,
Tummelplatz der Moleküle,
gleichsam Trenn- und Treffgewühle
der Natur bis zum Genie.

Steine

Oft nahm ich einen schweren Stein
und wog ihn sinnend in der Hand
und schaute tief in ihn hinein
mit meinem träumenden Verstand

und spürte diesen Druck der Masse,
dem sich die Hand entgegenstellt,
den Zug der unsichtbaren Trasse
des Schwerephänomens der Welt.

Viel mehr alle Menschenwerke
hat mich ein Stein oft fasziniert,
das Kraftfeld Raum in seiner Stärke,
das Wunder, dass es existiert.

Ein Stein kann uns zum Stolpern bringen,
wenn wir nur dösend an ihn stoßen.
Ich ahne tief in allen Dingen
das Urprinzip des Weltseins schwingen,

die virtuelle Winzigkeit des Großen.

Sturzflug
von Würde und Identität

Die Deutschen sind schon tief gesunken
und krabbeln bald auf Knien und Händen.
Erloschen ist der Götterfunken;
statt feuer-nur noch „englischtrunken",
sind sie dabei, ihr Deutsch zu schänden.

Von Müttern in den Schlaf gewogen
dereinst mit deutschem Liedgedicht,
jetzt innerlich total verbogen,
speien Deutsche, vollgesogen
mit Welschsucht, ihren großen Toten

und damit selbst sich ins Gesicht.

Monotonie des Beils

Henker sein
ist das Vergnügen
am geschliffenen Stumpfsinn
uralter Lügen! –

*

Emigration

Wo große Geister emigrieren,
machen Köpfe sich frei
von Ärschen, die marschieren –
in die Barbarei! –

Gedichte dieser Seite aus Reitnauers Buch „Hundert private Gefühlsausbrüche", Dresden 1961, das von der DDR-Stasi beschlagnahmt und vernichtet wurde. Nachdruck 1991.

Brutalmacht

Sie ist es,
die uns niederknallt
den Engel selbst,
der ihr entgegenwallt,

die Wahnsinn birgt
in innerster Tendenz:
Den Selbstzweck
ihrer Existenz! –

Rebellion des Guten

Einen Tritt den sukkulenten
Demagogen in den Steiß,
einen Tritt des Insurgenten,
der nach Dreck zu treten weiß,

einen Herzschlag jedem Zeichen,
das im Wort der Wahrheit glüht
und ein Schwert zum Unterstreichen,
daß die Zeile Feuer sprüht,

so wird diese Welt entrissen
jeder Form der Sklaverei,
daß das freie Menschgewissen
letztes Mal der Dinge sei! –

INGEBORG RÖSCH, geb. 1933; studierte Germanistik, Anglistik und Kunstgeschichte in Frankfurt a. Main und Manchester. War als Fremdsprachensekretärin/Übersetzerin tätig. Veröffentlichungen von Lyrik und Prosa in vielen Anthologien, Mitherausgeberin einer Anthologie der Trierer Autorengruppe im Spee-Verlag Trier.

Gedichte sind mir Inseln von besonderer sprachlicher Beschaffenheit, an denen man im Treiben der Zeit anlegen und Halt finden kann.

Treibholz

Im Fluß ohne Ufer
bricht Treibholz blind
an der Sprache vorbei.

Bist du schon, Körper,
jenseits vom hallenden Schrei
im Echo der Tiefe

oder

ahmt sie dir nach
das Reich in den Lüften
mit ihrem Gesang?

Amsel

warte noch einen Flügelschlag!

Vielleicht kann ich singen.
Solange es klingt,
bin ich noch dabei.

Donnerstag

Lavendel und Minze
trocknen gebündelt am Sparren.
Wir hängen nasse Tücher auf:
sie waren heiß gelegen.

Im kühlen Schiff
schimmern die Lilien
hinüber zum Kerzentisch,
wo es noch flackert,
einsam,
an einem Donnerstag.

Draußen streicht Wind durch die Rosen
und in den Dielen sitzt der Äthergeruch
fest.

Ach, laß die grünen Äpfel von
den Bäumen springen!
Laß den heißen Tag vorübergehen,
einsamer Gott!

Noch bis zum Sternenknistern
im fernhinhallenden Blau,
dann –
laß es Stille werden,
endlich still –

Letzter Sonntag im August

Noch immer weidet ihr
unter den Augen der Götter,
damit sie unsterblich bleiben.
Und dennoch ist das alte Hirtenlied
schon längst verklungen.

In grauen Fransen hängt das Fell euch
über runden Rücken
und dichtgedrängt
zieht ihr gemächlich einen Hang hinauf.

An euren Beinen tragt ihr Seidenstrümpfe
von feinem Schimmer – schwarz –
ihr stummen Zeugen
freudiger Verkündigung.

Und selber Zeichen der Erhabenheit
zieht ihr so hin
am letzten Sonntag im August,
hin in die Schatten alter Apfelbäume,
in deren Zweigen die Erkenntnis wohnt.

Mein Tanz

Laßt mit Weinlaub uns bekränzen,
holt die Gäste all herbei,
schwingt euch auf zu frohen Festen,
Bacchus sitzt schon in der Lay!

Tanzt entlang die Wingertszeilen!
Schwer liegt uns der Wein im Blut.
Auf! Zur Lese laßt uns eilen,
in die Hänge, in die Glut.

Reichlich ist der Trauben Segen,
aus den Kellern steigt der Duft.
Köstlich rauscht der Saft der Reben
und durchdringt die ganze Luft.

Blatt der Rebe, Efeuranken.
Auf der Welle schwankt der Kahn.
Doch was nützt mir alles Wanken,
nachtwärts führt es meine Bahn.

Mein Gewand zum letzten Tanz
wünsch mit Jade ich geschmückt,
blättrig fein herausgeschnitten,
denn das Fest hat mich beglückt.

Längst schon ist der Kahn entglitten,
führt hinweg des Herbstes Glanz –
Schmuck aus Jade mir geschnitten,
auf damit zum letzten Tanz!

Pascalis

Verlöschte Glut
am angesengten Balken.
In Fenstern leuchten Übergänge
und Eisen dringen bis ins Blut.

Noch trag ich diesen Durst,
den doch die Feuer löschen,
in diese Nacht,
vor diese Tür,
an die man anklopft,
um das Licht zu bringen.

Mittag

Verlassen liegt der Kahn,
die Wellen schweigen,
die müden Zweige hängen tief im See,
der Himmel scheint im Wasser
hinzutreiben,
ich höre Flötentöne ihn begleiten
und spür Verzauberung in meiner Näh –

*

Abschied

Wir hielten den Vollmond
in Gläsern gefangen
und lauschten zum Fluß.

Stumm standen die Krüge
und drüben, am anderen Ufer,
waren die Schatten uns fremd.

Abschied wollten wir nehmen
und fanden den Mut nicht
zu gehen.

IMKE KREISER, geb. 1968, lebt in Herdecke
Lyrik ist die dichteste Form von Identität.

Strandhafer

Was kümmert mich
die Farbe Grün
oder das feine Fell
des Strandhafers –
mich kümmert nur
der sichtbare Wind
und endlich nah genug
das aufgefädelte Wasser.

*

Jagender Reiher

Nur eine Linie,
die aus der morgenfeuchten Leere
auf zweidimensionales Wasser zuschnellt,
– nur eine Linie
der Vollstrecker eines
plötzlich dreidimensionalen Fisches.

Ein Halsband von schwarzem Laich

Ein Halsband von schwarzem Laich
legst du mir an, lebendige Perlen
diaphan umhüllter Ursubstanz,
dieselbe, die mein eigener Herzschlag
noch immer im Amphibientakt durch
das flurbereinigte Gewässer pulst, das
mir ein fremder Körper ist.

*

Als könnte ich es

Den Duft der Stimme
will ich malen,
durch das verschwitzte
Wasser fliegen
in fremdes Fell gekrallt
und durch die Augen
eines Tiers hindurch nach
einer Welt greifen,
die ich seit Jahr und Tag
für wahr halte –
ich kann es nicht.

Dejamos hablar al bandoneón

Auch ohne eure Zeugnisse ist das
Bandoneon, diese tönende Bibliothek
von Babel, ein Instrument de Lettre,
die Ars Poetica des kurzen Lebens,
akustisches Manifest des Existenzialismus.
Und deshalb mögt ihr Schriftgelehrten
Borges, Cortázar, Sábato, Onetti, ihr
Gralshüter des literarischen Tangos,
nun schweigen.
Lassen wir das Bandoneon sprechen.

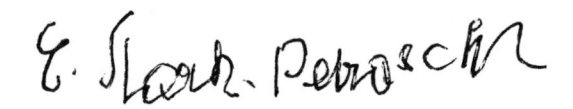

ELFRIEDE STARK - PETRASCH, 1922; lebt in Wien. Studium der Malerei, Meisterklasse in Wien und Graz, Studienreisen in Europa, USA, Ausstellungen im Inland und Ausland. Bilder befinden sich im öffentlichen und Privatbesitz. Seit 1968 erblindet.

Da nur die sichtbare Schönheit der Natur genommen ward, baute ich aus der Phantasie an einer neuen Welt und fand den Geist in den Dingen.

Autobahn-Frühling

Blühende Forsythien
Leuchten an der Straße –
Wunderlicher Gegensatz
Belebt grauen Asphalt.

Zu neuen Abenteuern
Lockt verfrühter Frühling.
Schneeweiße Kirschbaumsträuße
Der schwarzen Amsel Sang,
Ein frohes Kinderlachen
Zieht leichten Flugs vorbei –

Blühende Forsythien
– unberührt vom Trubel –
Verstrahlen Gold an Straßen.
Wer hat sie wohl … gesehn'?

Lichte Botschaft sind sie mir.

Heiteres Gartenstück

Zwischen Gräsern und Blumen,
Schwellenden Knospen,
Vom Winde umfächelt
Lag ich im Grünen;
Der blaue Himmel
Voll Vogelgezwitscher –
Offenheit schenkte er,
Selige Weite…

Aus künstlichem Regen
Wehte mir Kühle,
Darin spazierte mit
Schlau-stolzer Miene
Heiter ein Schirm-bewaffnetes Kind
Und lächelnd verlor
Der Tag sich im Abend

Mensch

Zwischen Erde und Himmel hangend,
Gefangen in Bangen bist du.
Wer flocht deine Sehnsucht
        ans Rad?
Wähnen und Dehnen –
Scheitern im Bruch –
Nimmer erwarte den
Himmel du hier!
Hoch über dir tönen im Kreise
Lebendige Funken:
        Lichter im Licht!
Füg' dich dem Dunkel
Und übe Geduld…

OSCAR STUCKY, *1929 in den USA. Lebt in Bachenbülach (Schweiz). Ausbildung zum Dolmetscher (4 Sprachen), im klassischen Gesang und in Theater-Regie. Pensionierter NL-Direktor einer Schweizer Grossbank. Sechs Gedichtbände mit eigenen Bleistiftzeichnungen. Ehem. Präsident des Zürcher Schriftstellerverbandes.

Als „Zahlenmensch" durfte ich mich im Lesen und Schreiben von Gedichten selbst finden. Handelt es sich um eine andere Welt? Hier die Zahlen da die Worte? Könnte nicht eine tiefere Denkweise, so wie sie in der Lyrik zum Ausdruck kommt, in der Finanzwelt zu grösserer Menschlichkeit führen? Die Frage bleibt offen.

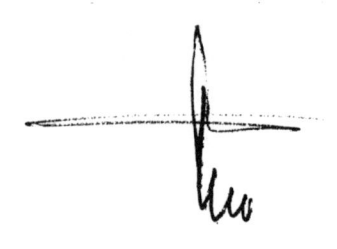

Heimkehr

Schreib nur
Gedichte,
träume!

Schreib sie
wie Spuren
im Wind.

Schreib leis',
sprich wie die
Bäume,

schreib sacht,
als Heimkehr
ins Kind.

Fragen

Was soll es,
dieses Streben
nach dem Dichsein,

was soll es,
dieses Hoffen
auf ein langersehntes Glück?

Was soll es,
diese Zweifel
ob dem Ichsein,

was soll es,
dieses Bangen
ob dem unwegsamen Nichts?

Was sollst Du,
kleinlich Dusein
vor den Sternen,

was sollst Du,
Menschensandkorn
vor dem unmessbaren All!

Warum nicht?

Warum,
warum nur
lass' ich mich betören
im Tandspiel des Daseins,
im Rauschtanz der Sinne,
im Silberklang der Lust?

Warum,
warum nur
willst Du nicht vernehmen
das Schreien im Ichsein,
das Leiden im Wundmal,
das Hohe Lied im Schmerz?

Warum,
warum nur
soll ich nicht empfinden
den Glückstrahl des Wahrseins,
den Zuruf des Lebens,
den Feuerbach des Lichts?

Warum,
warum nicht!

MARGOT WEINAND, 1933 in Essen geboren, Pädagogin, 13 Jahre ein Kinderheim geleitet, seit 1999 im Ruhestand. Diverse Veröffentlichungen, überwiegend Gedichte und Kurzgeschichten.

Ich schreibe, weil mir der Alltag die Sprache verschlägt.

Warum schreiben

Warum schreibe ich,
brauche ein Ventil
will festhalten
nichts vergessen
um Gedanken
hinauszutragen
die mich befreien.

Warum schreibe ich,
meine Gedanken
sie lernen fliegen
mich zu beflügeln.
Will die Botschaft
noch weitertragen
Botschaft des Lebens.

Ich schreibe weil mir
der Alltag die Sprache verschlägt.

Begegnung

Hundertmal geträumt
Tausendmal gewünscht
jetzt erlebt
stumme Umarmung

grau ist Mutters Haar
ihre Augen leuchten
trotz vieler Fragen
sprechen sie kein Wort.

Still
die Umarmung
ist die Antwort
auf ihre Liebe
aus der sie leben.

Greifende Hände

Greifst du mit der Hand
nach den Sternen,
bleibt sie leer

Reichst du die Hand
zur Versöhnung,
erlebst du die Freude

*

Täglich übe ich
die Gegenwart
probe den Augenblick.
Bin meistens
viel zu weit voraus.
Manchmal
gelingt die Übung.

Augenblicksglück.

MANFRED TASLER, *1938 in Neisse (OS); lebt in Oldenburg (NS); Studium der Pädagogik; Rektor einer Schule; Dozent an der VHS; Mitglied der Gruppe „Wortstatt", „Am Ende der Allee" (Gedichtband) und Veröffentlichungen in anderen Anthologien.

Für mich vollbringt die Sprache im Gedicht ihre höchste Leistung. Das zeigt sich allein schon darin, dass andere Sprachwerke übersetzbar sind, Gedichte jedoch kaum. In den Worten eines Gedichts schwingt Unsagbares, Numinoses, nur Fühlbares mit. Dem Wortlosen, dem nicht mehr Sagbaren versuche ich, eine Form zu geben. Lyrik ist auch Musik.

Neisse

Mir träumte von jener Zeit
Da ich noch stand vor der Mutter Haus
Da noch die Welt und der Himmel weit
Mit anderen spielte – mich trieb es
    hinaus

Mir träumte…
Ich ginge die Straße
Zum Neisser Ring
Liefe zum Fluß
Fing Schmetterling
Der Schöne Brunnen
Ein Kreiselspiel
Den Kinderträumen
Ich ganz verfiel

Doch wie ich erwache
Und sehe den Mond
Seh ich ein Land
Hab lang hier gewohnt
Seh ich erschrocken
Und wehmütig leis:
Mein Antlitz verändert
Die Haare sind weiß

Und Götter zählen die Tränen nie

Soldatenfriedhof

Dreitausend Kreuze –
In Reihe und Glied
Dreitausend Kreuze –
Die keiner mehr sieht

Dreitausend Gräber –
Verdrängt aus der Zeit
Dreitausend Gräber –
Verdammt zur Einsamkeit

Um Mitternacht
Erheben sich
Kolonnen aus dem Grab
Marschieren und formieren sich –
Und Ängste fallen ab

Die Stadt im Schlaf
Wird heimgesucht
Die Stiefel dröhnen hart
Die Stadt, die Menschen sind verflucht –
Und der Tod wird Gegenwart

All' Licht erlischt
's gibt keine Wahl
Das Totenheer ist da
Dann stürmen sie durchs Kirchportal –
Und holen Gott vom Hochaltar –

Der Morgen graut
Sie gehen heim
Das Herz voll Bitterkeit
Sie sehnen sich – ganz ins geheim
In ihre Einsamkeit

Dreitausend Gräber –
Verdrängt aus der Zeit
Dreitausend Gräber –
Verloren der Ewigkeit

Herbst

Die letzten Wildgänse
Aus dem Norden
Bringen Schnee
Auf ihren Schwingen

Das letzte Blatt
Löst sich vom Zweig
Und fällt
Zurück in die Zeit

Dann…
Sich auflösend
Strömen die Jahre
An flüchtige Ufer

Sommerabschied

Vielleicht das letzte Sommerlied
Das jetzt die schlanken Föhren singen
Die Sonne in den Zweigen spielt
Die Düfte in das Gras mich zwingen

Aus morschen Stämmen wuchernd steigen
Viel kleine Gräser und die Moose
Und heilig fast ein stilles Schweigen
In vollem Saft die Herbstzeitlose

Die Spinnen ihre Fäden ziehen
Von Zweig zu Zweig – wie Sterne(?) –
Und über mir die Schwäne fliehen
Sie suchen Heimat in der Ferne

Geh ich dann heim – ganz leise –
Trägt meine Seele Stille nur
Ergriffen stehe ich und staune:
Ein Wunder ist doch die Natur!

Wahrnehmen

Sieh! – den tanzenden Flug der
    Schmetterlinge
        den Regenbogen
        der den Himmel trägt

Hör! – den klagenden Ton der Flöte
        die Nachtigall
        die den Abend ruft

Fühl! – den schmeichelnden Weg des
    Windes
        das Wasser
        das durch die Finger rinnt

Die Macht dieser kleinen Dinge
sie hält dir deine Seele fest
und gibt dir auch die Kraft
die dich den Himmel
berühren läßt

Das Buch

Das schönste Buch ist uns're Welt
Wenn wir verstünden es zu lesen
Wir würden sehn die Meisterhand
Die Weisheit, Schönheit, inn'res Wesen

Wir würden sehn die Macht des Seins
Die hehre Kunst, der Weisheit Hort
Das höchste Recht und auch die Wahrheit
Wie würden schau'n das reine Wort

Doch Einfalt, Dummheit und Naivität:
Wir spielen mit dem Einband, blättern drin
Bewundern Machart, handwerkliches
    Können
Begreifen nicht den Inhalt noch den Sinn

Ich suche nach dem Guten
das unser Sinn ersehnt
Ich sehn mich nach der Weisheit
an die die Welt sich lehnt

Ich sehn mich nach der Schönheit
des Himmels höchstem Raum
Ist meiner Seele Hoffen
ist alles nur ein Traum?

145

BERND-W. VAHLDIEK, geb. 1942. Nach dem Pädagogikstudium Lehrer in Rethem/Aller, dann Rektor am dortigen Schulzentrum, Schulamtsdirektor in Syke, Regierungsschuldirektor in Hannover. Erste Gedichtveröffentlichungen in Edition L.

Mein Gedicht ist mein Guckloch.

Mein Gedicht ist mein Guckloch,
das ich in Fassaden bohre.
Der Blick hindurch
erschließt das Unbekannte.

Mein Gedicht ist ein Guckloch.
Tritt nahe heran.
Es öffnet sich weit.

So klein es ist,
von Nahem siehst du:
Mich.

Ein Guckloch
mein Gedicht.

Du lachst und singst:
Du bist.
Dein Auge blitzt:
Du wagst.
Dein Herz ist stark und stolz:
Du willst. –

Was aber geschieht,

wenn du
der Stille und dem Traum
überantwortet wirst,
wenn du
dem Strudelkessel Zeit
Spielball wirst?

Sommer

Im blauen Sonnensturz
erstarrt das Licht.
Dieser Augenblick Sommer
wächst Jahrmillionen.
Zeitlos
streicht die Hitze durch das Land.

Ohne Widerhall
bleibt meine Frage,
und
verdorrte Blüte spült
der Wellenschlag der Zeit
dahin.

Israel

Hast du
deinen Becher Zeit geleert,
fandst du
den bittren Bodensatz
Ewigkeit?
Der Wirbel der Jahre
trägt wirres Lachen
zu mir hin.
Welten wehren nicht
dem Inferno.
Solche Stunde
findet dich stumm…

Avdat

Jahrtausende Schweigen –
bis die Wüste ein Volk auswarf,
das die Steine formte
nach seinem Willen,
die Äcker bestellte
im Namen des Gotts…
Unermesslich reihen sich
metallene Wogen Zeit –

Verschollener Hauch der Jahre
überbrandete Ruinen…
Völker, fremde, strandeten
und bauten erneut:
Die Dünung der Zeit
lässt Leben ertrinken.
Auch vor diesen Mauern
macht Wüste nicht halt.

Babylon

Dich fragen,
wer du bist,
ein Unterfangen.

Die Schweigemauer,
gesetzt
allein aus Worten.

Babylon verschwand,
die Weltstadt,
als alle

in Beredsamkeit
verstummten.

PAULA WEINHENGST, Dr. phil., Bibliothekarin i. R., geb. 1930, wohnhaft in Wien. Veröffentlichungen: Gedichte und Kurzprosa in verschiedenen deutschen und österreichischen Anthologien.

An Worte wohl – nicht aber an materielle Werte – gebunden, will meine Lyrik kurz aufblitzende Einblicke in Daseinsmuster unseres Lebens und in die Welt des Bleibenden erhaschen und vermitteln.

Und dann?

Träume
aus dem Fenster schütteln,
alten Glauben
hinterfragen,
Weltalltiefen
cool enträtseln,
Blütenknospen
forschend öffnen,
Flüsterstimmen
dröhnen lassen,
im Internet
genüsslich surfen –
wie lange noch?
Und was kommt dann?

Der Mond, der in den Schatten tritt…

Der Mond, der in den Schatten tritt,
bewegt sich still in ihn hinein
und leuchtet jetzt in sanftem Rot
als zarter Sonnenwiderschein.

Das Anders-Sein in dieser Nacht
erschreckt und tröstet uns zugleich,
gestattet uns – sekundenlang –
jetzt einen Blick ins Zwischenreich…

Das Heute-Zimmer

Die Türen in die nächsten Tage
gehen nacheinander auf,
nur eine
lässt sich jeweils öffnen,
denn sinnlos ist ein rascher Lauf,
ein Eilen
durch das Heute-Zimmer;
seine Bilder ruhig schauen
hilft uns vor dem Weitergehen
Botschaft-Teile zu verstehen.

Hinter einem Stern verborgen…

Fragen, ungelöste Rätsel,
Wissen – suchen, rastlos forschen,
näher gehn.

Hinter einem Stern verborgen
steht die Antwort,
doch du kannst sie noch nicht sehn.

Jupiter, so gross und mächtig,
drängt sich vor die Himmelszeilen,
die dort stehn.

…müsstest von der andern Seite kommen,
wo dich neue Worte
frei umwehn.

Weiterträumen

Weiterträumen ohne Ende,
weiter und länger und tiefer denn je,
träumen, bis sich Fernen nähern,
träumen, bis sich Tore öffnen,
Tore vor dem letzten Wort.

Ein seltsames Tönen,
das Ohren nicht hören.
ein kosmisches Singen,
das die Seele vernimmt.

…und Friede und Freude aus ewigen
　　　　Welten
mit Träumen und Träumen, bis wir
　　　　verstehn,
bis ALLES dann EINS wird
im ewigen Traum…

…und der Sommer endet nicht

Es wird sein wie im November…
Ja, die Bäume sind schon kahl,
nahe ist der nächste Winter,
und die Sonne scheint so fahl.

Kurz und dunkel sind die Tage,
immer früher kommt die Nacht,
schwarz sind meine letzten Stunden,
und die Welt versinkt ganz sacht.

Wenn ich dann nach langem Schlafen
neu erwache in das Licht,
ist die Kältezeit vorüber –
und der Sommer endet nicht.

FRAUKE BLOME, geb. 1964 an der Nordsee, lebt in Münster. Roman-ist-in, Journal-ist-in, Wort-Spiel-ist-in. Buch 1999 „Die NaturFee als WegWeiserin auf dem Wandlungs-Pfad".

Mein Ort ist im Wort. Worte sind Orte zu liebkosen das eigene krea-tief-schöpferische WahrHeiter-Sein, das WirkLichten von Traum, Intuition, BeStimmung, die Wende im WunderWirkSamt. Worte malen Eskorte der Einen Energie – im UrSprung der Liebe SELBST.

Den Gedanken ab-danken

Das Papier
ist
geduldig,
empfindsam,

quatscht nicht
undifferenziert unachtsam
dazwischen.

Es läßt
die Gedanken
Gedanken
sein

– und die Gefühle
Gefühle,

so wie
sie gerade
ab-gehen und
auf-kommen.

Schreiben
in der Stille
eines ein-samen SonnTagMorgens

behierbirgt
einen ohnendlichen Fonds

an ÜberRasch,
DurchBrech und
BewußtSeinsWeite.

Der PapierTiger frißt
dich
und deine Klagen

sowie
dein SoSagen
oder auch AndersWagen
in NullKommaNirwana,

auf daß du
durch dein eigenes Feuer
fönixtranceformiert wirst,

dich selbst kreatiefschöpferisch neu
    schaffst
und dir alles in dir, um dich, durch dich
    anschaust
– in Liebe mit LosLassen hin zur
    Leichtigkeit.

Das A und O

ImMeer feiner,

imMeer subtiler,

imMeer unter die Haut gehender.

Die AufMerkSamkeit bewerkstelligt
das ALLpha und das OMmega.

Ohne AufMerkSamkeit gibt es keine Liebe,
kein HerzÖffnen,
keine wirklichte Wärme.

ImMeer wirksam(t)iger,

imMeer eigener,

imMeer verbindender.

All-Es steht und fällt
mit dem Grad der AufMerkSamkeit,

die wir an den Tag legen,
an den AugenBlick,
an alles Auf-Kommende sowie Ab-Gehende.

Sind wir aufmerksam,
beWEGen wir uns in der GegenWERTigkeit
und mögLICHTen jetzthier
das Geschenk von Sinn-
ChroniZuTaten

– jenen „zu-fälligen" Geschehnissen,
Begegnungen, SchwingungsGleichKlängen.

AufMerkSamkeit ist das A und OffenSein
das O allen Wandel(n)s.

BRIGITTE RICHTER, geb. 1945, Mannheim, Apothekerin.

Die Gedanken des Alltags in knappe, ausdrucksstarke und wohlklingende Worte zu fassen macht mich von ihnen frei.

Trilogie des 11. September
I   Zwei Flugzeuge

Zwei Flugzeuge nur
Zwei Flugzeuge
Mit Menschen
Vollbesetzt

Zwei Flugzeuge nur
Zwei Flugzeuge
Treffsicher
Zielgenau

Zwei Türme standen da
Da
Standen sie eben noch
Und Menschen lebten da
Da
Lebten sie eben noch
Wo jetzt
Kahle Stahlrippen
Ragen steil himmelwärts
Wo jetzt
Im Schutt-Ascheberg
Von den Menschen
Nichts blieb

Unauslöschlich
Schwelen Brände
Lebt das Feuer
In uns fort

II   Verblendete Geister

Unnachvollziehbar
Ihre Gedanken
Ihre Wege
Ihre Werkzeuge
Verblendete Geister
Des Orients
Unnachvollziehbar
Die rohe Gewalt

Haß und Rache
Bedienen sich ihrer
Kaltblütig kühne
Vasallen der Macht
Marionetten
Von Weitem geleitet
Blinde Verfechter
Abnormer Idee

Unnachvollziehbar
Ihr Sinnen
Ihr Trachten
Unnachvollziehbar
Ihr Lohn und
Ihr Ziel

Oh Ihr verblendeten
Geister des Orients
Erkennt Ihr denn nicht
Den Irrweg des Glaubens
Mit reinem Gewissen
Sündigt Ihr tausendfach
Für das verhießene
Falsche Paradies

III   Davongekommen

Davongekommen
Sind wir
Mit heiler Haut
Davongekommen
Obwohl der Schreck
Noch tief in unsern Gliedern steckt

Denn sie
Die Attentäter
Haben etwas
Mitgenommen
Das uns
Von nun an fehlt
Und wohl auch später
Im alten Maße kaum ersetzbar ist

Sie haben uns
Zutiefst verletzt
Gequält
Sie haben uns beraubt
Und einen Schnitt gesetzt
Wie keiner jemals es geglaubt

So daß verloren ging
Was man
Nicht kaufen kann
Mit Gut und Geld
So daß verloren ging
Die Zuversicht
Und unser Grundvertrauen
In die Welt

OLIVER MANO, *1963 in Karlsruhe.
Die Sache fassen, um den Leser zu fesseln damit.

Glühbirne

der Leuchtensockel mit der Schraub-
fassung erspäht
das Gewinde zur Nacht.

im Glaskolben bemerkt
die Entladungsröhre trotz Quetschfuß
die Wärmestrahlscheibe.

die Doppelwendelleuchtkörper ent-
decken mit zwei Zuleitungsdrähten
zum Glühfaden den Stab.

Knopf und Halter machen sich aus
Edelgas im Leuchtsaal
Ströme.

diese Tischleuchte erhellt sich ihr Da-
sein. eine Glühbirne beob-
achtet das Nachtleben.

der Kreuzschlitzschraubendreher

der Kleinschraubstock
die Kneifzange
die Schleifscheiben
der Hammer
der Anschlagwinkel
der Fuchsschwanz
der Durchschläger
Nägel und Schrauben

die Spannvorrichtung
der Getriebeschalter
der Handgriff mit Abstandshalter

der Bohrkopf
der Heimwerker
das Laubsägeblatt

Vorschläge zur Sarggestaltung

woraus baut man beste Särge?
aus unbrennbaren Holzwegen
aus eilfertigem Aufbäumen
aus überfülltem Untergrund
aus massenhaften Sammlungen
aus weiterem Zeilenabfall.

wann ist der Sarg gelungen? wenn
es sich leichter stirbt als erwirbt.
man achte auf körper-
verträgliches Innenfutter und Stillhalte-
 Riemen!

letzter Ratschlag: manchmal finden sich
 frei-
willige Sargträger unter Ihren Nachbarn.
ein Verzeichnis derselben ist kosten-
los abzuholen bei Ihrer Stattverwaltung.

weitere Vorschläge zur Sarggestaltung: ab-
rufbar an jeder Stadtecke.

einfach

es muss einfacher werden!
einfacher muss es werden;
einfach einfacher werden muss es…
einfacher werden. muss es?

einfacher werden muss es –
einfacher werden,
einfach werden:
ein Fach

*

daneben leben
eben Nebel
da, Nebel eben.
da, Nebelleben
dann eben leben
neben Nebeln
dann eben leben
daneben leben
neben Nebeln.
da eben Leben
dann Ebenleben
da neben Leben.
Danebenleben

Erbe

Angst vor klugen Menschen
Angst vor Geld
Angst vor Ent-
wicklung. Angst

vor Lösungen

*

Kernaussage

Ich
Habe
Kirschen. vershlukt

*

4 Fragen an mein Tun

1. bringt's Geld?
2. bringt's Geld?
3. spart's Geld?
4. macht's Spass?
5. bringt's mehr Geld?

[diesen Fragen stellen muss ich mich.
immer. über-
all das habt irr mir beilgebracht.]

hinterher fiel's mir besser ein. ausgerechnet

dir musste ich ein liebes Gedicht
    schreiben! von Küssen
und Reissverschlüssen gefaselt habe ich
    dann und
solchem Zeug, das keiner misst… was
    soll's? eigentlich
sagen wollen hätte ich's dir anders:
ich mag deine Brille.
die grünwachen Augen dahinter mag ich.
dass du über den Bergsteiger-Witz lachen
    konntest,
hat mich erleichtert.
wie dein glattes Haar fiel über meine
    Rippen, rot-
durchschimmert, als du dich über mich
    gebeugt – das
werde ich
nie vergessen
wollen

HEDWIG SCHÖTTES, * 22. 9. 1919, Witten. Mitarbeit in vielen Anthologien im In- und Ausland. 2 Preise.

Ich liebe Lyrik, weil sie aus dem Herzen kommt und viele Menschen anspricht.

Weißt du noch

Weißt du noch als dein Federkiel Papier
    beschrieb
nachts
verirrte Motten in deiner Lampe
sich zu Tode tanzten
Panflöten dein Gemüt sättigten
und auch ich mich entzückt von ihnen
    bewegte
einen Traum für dich erfand
ihn hinter deine Stirne barg
wenn Stille war.

Krankenbesuch

Wenn ich gehe
lächelst Du mir zu.
Ich trage den Abschied
nach Hause,
in unsere Stube
die leer ist,
ohne Dich, ohne Dein Wort.

Aber ich zehre
von Deiner Lippen Berührung,
bis in die Nacht.

*

Zeit

Der Fluß hat Zeit
Das Meer hat Zeit
Himmel und Erde haben Zeit

Du und ich haben Zeit
und wissen wie sehr sie unter
unseren Nägeln brennt

Traum

Sich wünschen
wie ein Vogel fliegen können
schien mir im Traum vergönnt

Staunend glitt ich
im hohen fremden Raum
dem Licht zu

Aber die Winde griffen mich an
Verwandelt in Schwere fiel ich
Steil ab in das Erwachen

Grauer Star

An schwarzen Antennen
räkelt sich Dunkelheit
Stiehlt jeden Stern
Verbietet dem Mond seinen Glanz.

Zittert Windhauch
über nasse Wimpern
liebkost sie

Eiszapfen tropfen im Takt
Silben zum Trommelfell

Hoffnung baut sich federleicht
warm hinter geschlossenen Lidern auf

Reise nach Damals

Wasser wiegt mich
Kühle Masurische See
Wind wirft Wellen seidengrau
und immer neu in
zärtlicher Vermehrung

Schilf und Riedgras
Alle Weiden raunen mir
Geschichten aus einer anderen Zeit

Im Haus gewesen
im Kindheitshaus
Sprache anders
kein Mutterlaut mehr
Aber gütige Augen
bei den Fremden

Himmel glüht heilend
verändert mich
Wolken verbrennen den Tag
als Opfergabe
für diese Erfahrung.

Ostsee-Landschaft

Versunkene Wälder
ruhen in dir
Die dich kennen
verdichten Mär und Geschichte
seit tausend Jahren
in vielen Liedern

Doch tauchen nach Ebbe und Flut
aus jenen Sagen und Träumen
Zeugen auf
An deinen Ufern
liegt Gold

*

Trost

Goldregen blüht unter
blauem Himmel unter lichtgrünem
Blattgewölbe
Vom Wind geheißen
lösen sich Blütenteilchen
fallen auf mein Haar
in meine Seele

LINDA WORTMANN, geboren 1940. Sprachheillehrerin/Theaterlehrerin, lebt in Esslingen a. N. Schreibt Lyrik und Prosa. Beiträge für Kabarett, Anthologien, Zeitschriften und Zeitungen. Preise für Konkrete Poesie und Satire.

Was in mir schwingt, möchte ich verbinden mit dem, was mir in anderen Menschen begegnet. Ich will nicht so sehr Stimmungen benennen, als vielmehr Beobachtbares aufzeichnen, durch das Transzendentales aufleuchtet wie von selbst. Lyrik ist für mich keine Flucht aus der Welt, sondern die Bereitschaft, Sprache dagegen zu halten. „Iranische Gedichte".

Landschaft

Wo die Hänge in den Trichter stürzen,
halten wir den Atem an
bis zum Grund.
Wo die Herden
am Wasser lecken,
das leise aufquillt,
geräuschlos versickert,
atmen wir durch
im weiten Tal.

Aus den Bienenstöcken
strömen Geschmack
nach wilden Mandeln
und Duft verborgener Blüten.

Sommerauftrieb

Die Winterzelte in den Bäumen
verraten den Aufbruch.
Zug der gescheckten Tiere,
hoppelnd und äsend, starrend und
    springend
über Stöcke und Steine.
Die verpackten Sommerzelte
tänzeln mit auf den Rücken der Esel.
Marschlieder der Hufe auf Lehm und
    Asphalt.
Bunte Zigeunerfrauen, winkende Kinder,
mit den Wassern der Jahre gewaschene
Männergesichter ziehen
dem Grasland im Schatten der Berge zu.

Trunken schicke ich
meine Gedanken nach
wie einen unzustellbaren Brief
an verzogene Empfänger.

Judasbaum

Das Weinrot des Judasbaumes
tupft sich an die Mauer
als Aufschrei gegen die Aufkündigung
von Bruderliebe und Schwesternschaft.
Die Schwerter sind noch in die Erde
    gebettet.
Lauft leise darüber und weckt sie nicht auf,
Brüder, Schwestern.

Die Flöte

Der Atem
schrittweise in Melodie verwandelt
legt sich als orientalisches Gewebe
über das felsige Grau
archaischer Erinnerungen.
Eingebettet in die Reibesprache
schwarzer Ziegen
und knolliger Wollschafe.

Als sei nicht das kärgliche Grün
die Wegzehrung
beim Zug in die Kühle der Höhlen
aus der Gluthitze des Tages,
sondern der unsichtbare Teppich
seit Urzeiten
von der schwermütigen Hirtenflöte
zwischen den Zähnen gewoben.

Teppiche

Sonnengedörrte Schafsnahrung
aus Blumen und Gras
verwandelt in lichtgebleichtes Fell.
Spinne den Sommer
in die Schur und den Winter.

Mit wildem Wiesenkrapp gekocht
nach dem Maß der Stundengebete
ersteht des Jahres Kaleidoskop
und hängt an tausend wollenen Fäden.

Später beim Tritt über die Schwelle
verspürst du die Sonne im Haus,
verwoben nach Kette und Schuss.

Ghom

Kein Einlass zu eurem Gottesort.
Unterm geliehenen Schador
verraten mich meine Schuhe
aus schwarzlila Wildleder.
Du bist nicht von hier, sagt eine.
Verrat mich nicht, Schwester.
Zieh deinen Schador aus,
ich werd ihn dir wenden.
Wer bist du?
Ihre Augen ein Messerschnitt.
Eine Flüchtige, sag ich.
Komm nicht wieder her,
schneidet sie mir ihr Wort ins Herz.
Der Heilige Platz ist nicht für dich.

Ich kann die Segen der Götter
nicht unterscheiden.
Allah sei mit dir.
Denk ich und gehe.

DAGMAR REMTER, geb. 1925 in Berlin, seit 72 bei Celle lebend; landwirtschaftl. Lehrerin, Arbeit mit lerngestörten Kindern, Küsterin, Leitung von Frauengesprächskreisen, seit 88 Teilnahme an der Schreibwerkstatt Celle. Veröffentlichungen in zahlreichen Anthologien.

Schreiben ist für mich nicht nur festhalten was war, ist oder sein kann. Es ist vor allem Lebensbewältigung durch umsetzen allen Geschehens, innen und außen, in Sprache.

Sommersingsang

Im Korn geht der Wind
Lerche steigt ihre Trillerleiter
hinauf ins Blau
Zirpen im Gras und
wildes Summen im Rosenbeet
Aus dem Teich tönt es
wie Dudelsack
Und Nachbars Barbara
singt
ein Schaukellied:

Der Sommer
der Sommer ist schön
Ich habe
ich habe den Sommer

Entblättert

Entblättert der Mohn gelöst
Aus seinem schwarzen Grund
Das leuchtende Rot fallengelassen
Hingebreitet wie Fächer
Die seidenen Hüllen die zarten
Mir zu Füßen

Abgelegt die Scham zeigt er
Auf haarigem Stengel
Die grüne Frucht die runde
Weich gebettet
Im Kranz dunklen Gekrauses
Ungezählter Fäden

Zeigt mir sternförmig
Von violettem Samt bedeckt
Und geschützt die Kapsel die
Bald gereift brauntrocken
Ihre Zaubersaat die kostbare
Dem Wind überläßt

Phlox

Jubelflamme
Glühende Sommerlust
Geballt in einem Strauß
Kein Grün das beruhigt

Nur dies Rosa
Unverschämt
Wie es mir
Unter die Haut kriecht

Der Besuch

Grün verloren
und was du eingebracht
aus Mühgärten
hinter Glas vergilbte
Vergangenheit
vermauert unter Steinen
deine Quelle

Golden fällt
späte Sonne
durch Nachbars Zaun
dringt in dein Haus
aufleuchten noch einmal
deine
verborgenen Schätze

Irm

Zu früh in die Welt
kamst du
lebenslänglich
an Schiene und Krücke
gebunden und an mich
Schwester
geliebte kleine Viper
Ich dein gesunder Dorn
Du stete Kinderpflicht
für mich

Deine Träume
wollte ich kennen
deine Sehnsüchte
bevor die Kugel
dich erlöste
vor schlimmerem Tod
auf der Flucht
Dein Leib gelegt
in gefrorene Erde
Achtzehn warst du

Der Dreizehnte

Im Schweigen liegt er
lange schon.
Die Töchter wachen
und warten.

Er öffnet die Augen.
Und der zwölfte Engel kommt
auch noch, sagt er leise.
Eine Tochter hört es, aber nicht
das Rühren von Flügeln,
nicht knisternde Federn.

Nach Hause holen ihn
die Töchter, in sein Bett.
Der Baum vor dem Fenster.
Früh singt die Amsel.

Da kommt der Zwölfte.
Sie nehmen ihn auf,
tragen leicht.
Dreizehn sind es.

MONIKA MOHR-MÜHLEISEN, *1950. Alfdorf; Realschullehrerin. Gedichtband „Passionsfrucht", Edition L, Preis der Baden-Württembergischen Literaturtage 1995 in Schwäbisch Gmünd.

Beim Schreiben entdecke ich das leise Zwischenland, das sich mir beim Er-Leben mit Mensch und Natur auftut und dabei zeitlos wird.

Neue Augen

Neue Augen
wünsch ich
ungebraucht und unerfahren
die aber die
Blindheit schon
hinter sich haben

Lied

Vielleicht ist das Lied
stumm
bevor es den Atem trifft

Vielleicht wird die Stimme
geboren
am Ufer
jenseits
der Trauer

Vielleicht ist das Wort
ein Boot
unter dem Segel des Lieds

Vielleicht ist das Lied
ein Vogel
mit dem Wort im Schnabel

Unterwegs

Es auf uns zukommen lassen
es auf uns ankommen lassen
es drauf ankommen lassen

es uns zukommen lassen
uns aufeinander zukommen lassen
uns ankommen lassen

draufkommen
zulassen
ankommen

Komm!
Lass dich
gehn!

Froschkönigin

Wie oft hab ich den Frust
den Frost
den Frosch geschluckt
statt eines goldnen Balls

Jetzt steht die ganze Kugelfuhr
mir rundweg bis zum Hals

So oft am Abgrund längsgeschrammt
so oft noch Glück gehabt – verdammt –
so oft schon droht Verderben
so oft hab ich in Mond geguckt
vom Hügel meiner Scherben

Das ganze Leben
ducken? schlucken?
Nein, meine Herrn,
jetzt werd ich
Feuer
spucken!

Leben stört

sagen Despoten
wenn sie hart
am schwarzen Design
ihrer Macht
arbeiten

und zusehen müssen
wie der Wind
alles Licht
auf die Schultern
einer Rispe legt

Vor-Bild

Davor stehen
ohne sich in den Vordergrund zu stellen

dahinter stehen
ohne sich zu verstellen

drin stehen
ohne aus dem Rahmen zu fallen

still stehen
ohne stehen zu bleiben

Standpunkte vertreten
ohne in Tretmühlen zu geraten

Halt bieten
ohne Einhalt zu gebieten

Gedanken zum „25-jährigen Verlagsbestehen" und zur Lyrik aus der Sicht des Herausgebers

Theo Czernik

Lyrik gilt als schwer zugänglich, nur wenige beschäftigen sich mehr oder weniger intensiv mit ihr. Dabei begegnen wir ihr täglich, denken wir nur an die Songtexte der Rock- und Popmusik. Sogar in der Werbung hat sie mit ihrem ins Ohr gehenden Rhythmus und Reim Eingang gefunden.

Trotzdem sehen Verlage – ohne es laut zu sagen – im Lyriker eine Art Persona non grata, denn er stellt für sie ein Wagnis dar. Läßt sich doch ein Gedichtband nur mit einer soliden Reihe von Bestsellern, Sachbüchern oder durch Sponsoring im Hintergrund ins Auge fassen – ein Spagat zwischen Geld und Geist, falls man sich überhaupt darauf einläßt. Theater, Orchester und sogar TV-Sender erhalten staatliche Subventionen, Verlage dagegen stehen in der Kulturlandschaft im Regen.

Es gibt beim Buchhändler manche gefragte Lyrikausgaben, z. B. von Hilde Domin, Sarah Kirsch oder Paul Celan, aber Bestseller sucht man vergeblich. Das liegt, sagt man, in der Natur der Poesie, an der Ansprechbarkeit des Lesers, der durch einfühlendes Mitschwingen den interseelischen Vorgang im Dichter nachvollziehen soll. Das ist ein absolut subjektives Unterfangen.

Aber auf alle Fälle sollte das Buch eine echte Begegnung sein, eine Erfahrung und Bereicherung, sonst ist es nur Zeitvertreib, und das ist für den Lyriker nicht genug.

Gegenwärtig überfluten zu viele austauschbare Bücher den Markt, Bestseller nicht ausgenommen, Gedichtbände dagegen sind einmalig wie die Papillarlinien unserer Fingerkuppen. Gedichte können berühren, sollen und wollen Antworten geben, vermögen zu trösten. Christoph Meckel sagt zwar in seiner „Rede vom Gedicht", das Gedicht sei nicht der Ort, wo das Sterben begütigt, der Hunger gestillt und die Hoffnung verklärt wird, und Marcel Reich-Ranicki meint, trösten und besänftigen könne uns die Lyrik nicht. Und doch kann es niemandem verwehrt werden, Verse auf seine persönlichen Stimmungen anzuwenden, sie als tröstlich zu empfinden, in den Worten eines Fremden sich selbst zu erkennen oder im Gedicht das zu sehen, was wir gerne verdrängen oder vergessen: ein modernes Gebet. Das ist unsere Verlagslinie, ohne dabei ins Religiöse oder Esoterische abzudriften.

Daß man in Buchhandlungen keine Lyrikecken mehr findet, hat noch einen anderen Grund. Heute schafft es kein Buchhändler mehr, seine Titel nur ein halbes Jahr auszustellen, schon rollt die nächste Buchlawine durch das Land und spült gnadenlos alles weg, was nicht im Regal festgeschraubt ist. Dominiert wird der Markt durch Großkonzerne, die mit marktwirtschaftlichem Killerinstinkt andere Verlage an die Wand drücken oder kaufen und damit deren Identität verwässern. Zum Glück macht diese Fusionitis mit ihrer nivellierenden Gleichmacherei vor kleineren Verlagen Halt, denn die sind für sie uninteressant mit ihren eigenen Schwerpunkten, die für kleinere Leserzielgruppen gedacht sind. Es sind gerade diese kleinen Verlage, die Farbe in die Szene bringen. In ihrem Umfeld finden Autoren noch eine verlegerische Heimat. Den Verlegern geben diese persönlichen Kontakte das Gefühl, gebraucht zu werden, denn in unseren gemeinsamen Gesprächen reden Autoren gerne über ihre Probleme, über Gründe, die zur Entstehung ihrer Texte geführt haben, über zwischenmenschliche Beziehungen oder politischen Frust, über Baumsterben oder Begeisterung für irgendetwas. Verständnis der Verleger zu ihren Autoren bedingt dann auch Treue der Autoren zu ihren Verlegern. Das klingt altmodisch, aber es stimmt und ist das eigentliche Brot, von dem wir leben.

Wenn Lyrik nicht weiterhin eine literarische Randerscheinung bleiben soll, weil ein kleiner, aber einflußreicher Kreis von Insidern einer experimentellen und hermetisch verschlüsselten Lyrik den Vorzug gibt, müßten eigentlich nicht einmal neue, sondern altbewährte Wege beschritten werden. Es muß wieder Bücher geben, die ohne ein Niveaugefälle im Bücherregal eines normalen Wohnzimmers ihren Platz finden. Es liegt am Inhalt. Lassen wir den Himmel wieder blau sein und die Liebe rot, geben wir uns ruhig eine Weile dem Einfluß eines Gedichtes hin, Lyrik muß wieder Botschaft sein, empirisches Anschauungsmaterial für andere und keine Darstellung abstrakter Gedanken. Wir sollten uns wieder selbst entdecken und dem Individualismus das zugestehen, was es ist: die größte Errungenschaft des Abendlandes.

Wir bemühen uns um Bücher, die nicht für eine elitäre Schicht von Lesern gedacht sind; Themen und ihre Behandlung sollen Lyrik wieder lesbar machen. Eine Hilfestellung, um zur Lyrik wieder zurückzufinden oder überhaupt erst zu ihr zu finden, sehen wir vor allem in Anthologien, deren inhaltliche Vielfalt niemanden leer ausgehen läßt, der sich dem Gedicht öffnet. Wir greifen daher Themen auf, die für Autoren ebenso interessant sind wie für Leser, Themen, die ansprechen wie Liebe, Geborgenheit, Heimat und sogar Alltäglichkeiten. In allen steckt das, was unserem Leben einen Sinn gibt: Sehnsucht.

Sehnsucht ist der Stoff, der wie kein anderer zum Träumen anregt, neue Perspektiven erkennen läßt, Impulse gibt, uns mit Hoffnung und Freude erfüllt, zuweilen auch mit Leid und Trauer. Sehnsucht in ihren vielfältigsten Ausdrucksformen, ihren unterschiedlichsten Zielen, Sehnsucht nach Werten, die uns am Herzen liegen, die wir uns wünschen, schützen oder überliefern wollen.

Dazu gehört untrennbar der Begriff „Heimat". Heimat ist immer der Ort, nach dem die Kompaßnadel unseres Herzens ausschlägt; sie ist nicht nur Geburts- oder Wohnort, sie ist der Ort, der Geborgenheit vermittelt, Heimat ist dort, wo zwei Menschen in der Fremde aufeinander warten, es können die Augen eines Menschen sein, der uns nahesteht, es kann die Liebe eines Gottes sein oder der Tod als Endstation der Unruhe unseres Herzens. Heimat steckt in uns, wenn wir uns selbst entdecken und bejahen. Für Astronauten ist Heimat unser Blauer Planet, für Berber die Parkbank oder der Platz unter einem Brückenbogen. Außer dem Tod und der Liebe wird in der Lyrik am meisten die Heimat besungen, denn sie kann Verlust und Beseligung sein.

Heimat – Sehnsucht – Heimkehr…
Heimkehr als Thema beschränkt sich nicht nur auf Rückkehr in eine Landschaft oder in eine Familie, es läßt sich mit Vorliebe sublim behandeln. Heimkehr als Finden zu sich, als Suchen nach dem Sinn des Lebens – und wer immer danach fragt, muß sich auch nach dem Sinn des Sterbens fragen: Tod als Heimkehr. Da Lyrik auch Widerspiegelung gegenwärtiger Welterfahrung ist, enthält das Thema ebenso eine Infragestellung des Begriffes. Heimkehr als Surrogat: das Problem des Alters, der Weg ins Altenheim, in die Isolation. Oder die Fragwürdigkeit des Elternhauses für viele Kinder und Jugendliche, die Flucht in eine Kommune, der Griff zur Droge, die Geborgenheit ersetzt. Heimkehr für manche die Sozialstation, die Parkbank oder der Bahnhof als harte Realität.
Sogar im Gedicht steckt ein Stück Heimat, weil es von der Unruhe unseres Herzens spricht, unserer Sehnsucht und von der Geborgenheit, für die wir bestimmt sind.

Nicht minder findet politisches Geschehen im Gedicht seinen Niederschlag, denn Gedichte sind wie Seismographen, die die Erschütterungen der Welt wiederzugeben vermögen, auch wenn sie von anderen noch nicht wahrgenommen werden. Lyriker haben die einzigartige Chance, zur Sprache zu bringen, was sich in der gegenwärtigen Umbruchsituation im einzelnen Menschen vollzieht. Das Ich oder das Wir eines jetzt entstehenden Gedichts ist von geschichtlicher Authentizität. Geschichtsbücher können Ereignisse verfälscht wiedergeben – Lyrik kann man ungedruckt lassen, aber nicht verfälschen…

Außer „hehren" Themen lassen sich ebenso Alltäglichkeiten besingen. Wir sind himmelhoch jauchzend und zu Tode betrübt, wir erleben Hoch-Zeiten und Talsohlen, flächendeckende, im Bewußtsein haftend bleibende Erinnerungen, dazwischen sind die Alltäglichkeiten angesiedelt, Wahrnehmungen, die sich ständig wiederholen, die wir daher als selbstverständlich ansehen, sie schließlich als eine Art etc. pp. abwerten. Dabei sind es gerade diese Alltäglichkeiten, die unsere Zeit zusammenhalten, die so wichtig sind wie Systole und Diastole.

Es lohnt sich, die Schlacke der Oberflächlichkeit wegzuräumen, die Farbigkeit und Glut der Alltäglichkeiten wiederzuentdecken. Es ist die obligatorische Blume am Wegrand, ein Lächeln, das fallende Blatt, ein gutes Wort, der Zug der Vögel, das Warten auf jemand oder irgendetwas, der Sonnenaufgang, der tägliche Frust, der Nebel … alles „Banalitäten", wert, sie zu besingen.

Zum Alltäglichen gehören zwischenmenschliche Beziehungen, Liebe, Suchen nach Geborgenheit, das Sich-selbst-Finden und das Zu-Gott-Finden. Liebe wurde schon zu allen Zeiten besungen, aber jede Generation hat ihre eigene Melodie.
Liebeslyrik ist nicht nur ein minnegleiches Besingen der oder des Geliebten, es kann auch ein Lied sein, das die Sehnsucht nach Gott ausdrückt, Glück und Seligkeit beinhaltet; es kann ebenso kritische Auseinandersetzung mit dem Du sein, voller Skepsis, kurz, Liebe in all ihrer Vielfalt.

Das alles sind Schwerpunkte unserer Gedichtausgaben – sie wollen wieder zum Schreiben und Lesen von Gedichten anregen, keine hermetisch verschlüsselte Lyrik, die auf Interpretation einer literarischen Claque angewiesen ist.

Gedichte enthalten eine Botschaft, denn sie sind ausgesandt. Ihr Einfluß auf uns ist ein erregendes, geheimnisvolles Phänomen. Sie wollen uns anrühren.
Ein Gedicht ist eine Einstellung zu den Dingen, zum Leben. Es ist kein Abklatsch des Lebens, es reichert das Leben vielmehr an, spricht Unausgesprochenes aus, verwandelt.
Und es ist mehr als ein typografisches Produkt, mehr als ein Privatvergnügen, wenn man es auch gern als ein Spiel hinstellt – es verlangt doch den Einsatz der ganzen Persönlichkeit.

Dann taucht immer wieder die Frage auf: Was ist es, was den Dichter ausmacht? Welche Einstellung zum Wort, zum Ich, zum Du, zum Leben und zum Kosmos steckt dahinter?

Autoren stehen täglich im Arbeitsprozeß und verlieren sich in Nichtigkeiten oder Wichtigkeiten; sie schöpfen hin und wieder Luft und fragen sich nach dem Sinn des geschäftigen Tuns.

Sie suchen mit den zusammengefügten Worten Kommunikation. Sie wollen mit einem Gedicht etwas in sich oder im Nächsten zurechtrücken, wollen zum Kern ihres Seins dringen.

Marcel Reich-Ranicki in „Ein Plädoyer in Sachen Lyrik": *„Poesie ist immer auch Protest und Auflehnung. Wer dichtet, der rebelliert gegen die Vergänglichkeit. Selbst wenn sie den Untergang verkündet, wenn sie dem Tod huldigt, wenn sie den Zerfall besingt – dementiert die Dichtung, ob sie es will oder nicht, den Untergang, den Tod, den Zerfall. Lyrik ist Lebensbejahung. Daher die wachsende Rolle der Poesie in unseren Tagen."*

Schöne Gedanken über Dichter äußert auch Botho Strauß in seiner Rede zum Büchner-Preis 1989:
„Der Dichter ist die schwache Stimme in der Höhle unter dem Lärm. Ein leises, ewiges Ungerührtsein, das Summen der Erinnerung. Die Gegenwart schreibt auf seinen Rücken. Inmitten der Kommunikation bleibt er allein zuständig für das Unvermittelte, den Einschlag, den unterbrochenen Kontakt, die Dunkelphase, die Pause. Die Fremdheit. Gegen das grenzenlos Sagbare setzt er die poetische Limitation. Auch ist ihm, wie vormals dem ruhlosen Lenz, die Welt ein Grund zur Flucht; ein Grund, niemand zu sein oder sehr viele. Seine Stellung, sein Ort vor der Allgemeinheit: unbekannt."

Oder Marie-Luise Kaschnitz in ihrer Rede auf den Büchner-Preisträger 1960 Paul Celan: *„Seine Einsamkeit ist beständig auf der Suche nach Kommunikation, er spricht nicht nur für sich selbst, sondern für sich und die anderen."* Worte, die sich auf alle Lyriker übertragen lassen. Und Celans wohl wichtigste poetologische Äußerung: *„Das Gedicht ist einsam. Es ist einsam und unterwegs … Das Gedicht will zu einem Anderen, es braucht dieses Andere, es braucht ein Gegenüber. Es sucht es auf, es spricht sich ihm zu … es wird Gespräch – Oft ist es verzweifeltes Gespräch."* Gedicht hier als Synonym für Dichter.

Recht sachlich drückt sich Matthias Kehle aus (Phöbus Nr. 4/1988): *„Selten schätzt ein Dichter seine Situation richtig ein. Im allgemeinen verschließt er seine Augen, lächelt selig ob der transzendentalen Bedeutsamkeit seiner Beschäftigung, geht tagsüber einem vernünftigen Beruf nach und produziert nach Feierabend Verse, weil er die ‚Schwarzwaldklinik' und den ‚Denver-Clan' ebenso wenig ausstehen kann wie den ‚Popshop'. Für seinen Verleger – falls er einen hat – sind Gedichtbände ein reines Verlustgeschäft und bringen dem Dichter allenfalls ein bescheidenes Taschengeld ein, das gerade für ein paar Biere ausreicht."*

Daraufhin die Frage: Welchem Beruf gehen Dichter eigentlich nach? Eine Aufzählung geht querbeet durch den Stellenmarkt der Tageszeitungen: Studienräte, Krankenschwestern, Chirurgen, Redakteure, Hausfrauen, Designer, Staatsanwälte, Rentner, Fabrikanten, Diplompsychologen – kurz, unsere dichtenden Nachbarn! Sie alle stehen im Berufsleben, denn von Lyrik kann niemand leben, früher nicht und heute noch weniger.

Beeinflußt wird die Neigung zum Schreiben vom Bildungsgrad, Geschlecht, Vermögen, Beruf, von der Religion, der Partei und auch der Landschaft. Weniger von der Abstammung. Die Dichter kamen und kommen seit jeher aus allen Ständen: In der hocharistokratischen Zeit des französischen Mittelalters war der erlauchteste Troubadour Bernard de Ventadour der Sohn eines Ofenheizers, in England war Keats der Sohn eines Kutschers, in Deutschland Hebbel der Sohn eines Maurers. *Es gibt nur Dichter und Dichtung, gute und weniger gute, alle anderen Standpunkte haben mit dem eigentlichen Wesen der Dichtkunst gar nichts zu schaffen.*

Lyrik verdient es, aus dem Abseits geholt zu werden. Wir versuchen es nicht nur mit Büchern. Dazu gehören ebenso unsere Lyriktagungen, anfangs der „Lyrische Oktober" auf der Comburg, seit 1989 die „Freudenstädter Lyriktage".
Die Presse schreibt, Freudenstadt habe die Chance, ein Mekka für Lyriker/innen zu werden. Wir haben die Weichen gestellt.

Freudenstädter Lyriktage

Die Freudenstädter Lyriktage sind eine Veranstaltung des Czernik-Verlages/Edition L in Zusammenarbeit mit dem Kulturbeirat der Stadt, der Kurdirektion und der Kreisvolkshochschule. Schirmherr ist der Oberbürgermeister der Stadt Freudenstadt.

Die Tagungen sind eine freie Zusammenkunft von Autoren ohne politische, gewerkschaftliche oder sonstige ideologische Ziele und ohne den Statuten eines Vereines; sie wollen dem Gedicht jenen Stellenwert in der Öffentlichkeit geben, den es verdient und Wege für dieses Ziel suchen.

Jährlich kommt eine große, wachsende Zahl von Autoren aus allen Teilen Deutschlands und den Nachbarländern. Der Tenor der Tagung ist nicht die Profilierung des Einzelnen, sondern Zusammenarbeit und Kollegialität. Die Atmosphäre wird geprägt durch die gemeinsame Arbeit am Gedicht, durch Austausch von Erfahrungen untereinander mit Lesern, Buchhändlern, Medien und Verlagen.

Angeboten werden praxisbezogene Werkstattgespräche, Referate und Seminare, die sich mit dem heutigen Stellenwert der Lyrik und des Lyrikers befassen. Die Tagungen begleiten öffentliche Lesungen der Teilnehmer.

Öffentlich ist auch die Ausstellung ihrer Bücher und der Bücher der Edition L im Stadthaus. Eröffnet werden diese Veranstaltungen durch Lesungen und Referate literarischer Prominenz:

1989 Dr. Jürgen Lodemann
1990 Lutz Rathenow
1991 Peter Gehrisch
1992 Dr. Peter Schütt,
      Günter Ullmann
1993 Prof. Dr. Adrian Finck
1994 Hilde Domin,
      Peter Maiwald,
      Prof. Dr. Werner Ross
      (Präsident des Freien
      Deutschen Autorenverbandes)
1995 Hans-Jürgen Heise,
      Annemarie Zornack,
      Eva Zeller
1996 Wolf Biermann
1997 Marcel Reich-Ranicki
1998 Ulla Hahn
2000 Gabriele Wohmann
2001 Dr. Lothar Müller, FAZ
      Christof Buchwald,
      (Suhrkamp-Verlagsleiter)

Die nächste Tagung in Verbindung mit dem Förderpreis findet 2003 statt.

Inge Czernik-Förderpreis

Im Rahmen der Freudenstädter Lyriktage wird ein Lyrik-Förderpreis vergeben, der seit dem Tode der Verlegerin Inge Czernik 1993 nach ihr benannt ist.

An der öffentlichen Ausschreibung können alle deutschsprachigen Autorinnen und Autoren teilnehmen, die noch von keinem größeren Verlag veröffentlicht worden sind.

Die Jury besteht aus 12 Teilnehmerinnen und Teilnehmern der letztjährigen Tagung.
Der erste Preis besteht aus einer Auswahl von Gedichten des Preisträgers in Buchform. Der Preisträger erhält alle Einnahmen aus dem Verkauf des Buches.

Nachwort zum Buch

»Wohl kein Gegenstand, einschließlich des Mondes, der Rose und der Liebe, kann sich solcher Zuneigung, so vortrefflicher Zeugnisse und so zahlreicher Lobsprüche rühmen wie das Buch.«
Ernst Penzoldt »Stundenbuch für Letternfreunde«.

Es gibt Leute, die sagen, ein Buch sei ein Buch. Die Logik ist durchschlagend. Es gibt andere Leute, die sagen, ein Buch sei noch lange nicht ein Buch – und sie haben auch nicht unrecht. Denn Bücher können so und so gestaltet, gesetzt, gedruckt und gebunden werden, und obwohl es der gleiche Text sein kann, sind es doch andere Bücher. Zur literarischen Mitteilung braucht es nicht nur der Worte, dazu gehören auch Papier, Leim, Pappe oder Leinen zum Einband.

In früheren Zeiten legten wir auf den Einband großen Wert. Nach dem Kriege schien uns das Gefühl für schöne Bücher verloren gegangen zu sein. Der Lesehunger war groß, das Papier knapp, unser Verhältnis zum Buch war ein anderes, wir schätzten seinen Gebrauchswert höher ein als Repräsentation und Ausstattung.

Das Produkt Buch, das bislang als »Kulturträger« eine besondere Rolle gespielt hatte, war zur Ware geworden, die möglichst billig produziert werden mußte.

Allmählich haben wir wieder zu einer »Einbandkultur« gefunden, man spürt auch im Bücher-Alltag den Hang zum Schönen und ein Überdrüssigsein der Massenproduktion.

Man spricht wieder von Buchtypographie, deren Erscheinungsbild vom Inhalt ausgehen muss und legt Wert auf den Buchumschlag, der für das Buch werben soll wie ein Plakat, mit dem Unterschied, dass ein Plakat nur wenige Wochen zu wirken hat, Buchumschläge aber Jahre und Jahrzehnte.

Dorothea Kaufmann schreibt in »Literatur und Forschung« über eine Ausgabe der Reihe DAS GEDICHT:
»Das besondere an diesem Buch: Die Herausgeber haben das Gedicht beim Wort genommen. »Gedicht« lässt an »dicht« erinnern, darauf macht schon der Einband aufmerksam.
Hier darf der Leser auch Beschauer sein und spürt: Nicht nur Bilder, auch Gedichte verlangen einen (passenden) Rahmen.
Das Gedicht gelangt ja immer über ein Medium, ein Vermittelndes, zu uns. Beim gesprochenen Gedicht ist es die Stimme, von der wir daher – zu Recht – einen melodischen Klang erwarten und ein Gefühl für Rhythmus. An diese Stelle tritt beim geschriebenen Gedicht die Gestalt des gedruckten Wortes und die Gliederung auf der Buchseite. Die Leere weißen Papiers zwischen den Zeilen und Strophen ersetzt die Pause beim Sprechen. Und wo könnten Pausen wichtiger sein als beim Gedicht. Verlangt nicht gerade das Dichte nach der Weite, auf der das Auge ausruhen darf, um sich dann der Fülle zuzuwenden?«

»Es liegt so angenehm in der Hand. Es ist so schön«, sagt man. Was – das Buch oder der Inhalt? Am besten beides.

Theo Czernik

Autorenverzeichnis

Amzar, Dinu D.	100	Kaspar, Ulrich	133
Anderka, Johanna	15	Kawohl, Marianne	58
Anders, Christel	102	Kern-Gutmann, Brigitte	88
Ay, Margitta	134	Kloter, Eduard	118
Bach, Gabriele	16	Knapp, Andreas	22
Bachler-Rix, Margit	70	Knorr, Barbara	126
Bachstein, Stefanie	106	Koch, Reinhard	128
Bächer, Rosa Maria	27	Koch-Denkhof, Elisabeth	122
Baier, Ingeborg	94	Krebs, Joachim-Aljoschka	47
Barsch, Christian	104	Kreiser, Imke	140
Block, Detlev	105	Kressl, Günther	46
Blome, Frauke	150	Lebert-Hinze, Vera	12
Born, Roswitha	72	Leiber, Ingeborg	36
Breidenstein, Gisela	97	Liemans, hpl	52
Brie, Hartmut	92	Link, Jochen	84
Budde, Harald	44	Lordick, Friedrich	56
Conring, Gisela	62	Lück, Brigitte	124
Degen, Kristina	113	Macdonald, Erika	30
Ecker, Thomas	108	Mano, Oliver	152
Effert, Gerald	35	Merkel, Anneliese	14
Ehrlich, Hans	63	Merkens, Gaby	96
Engelmann, Uwe Erwin	18	Mohr-Mühleisen, Monika	160
Eppendorf, Loma	90	Müller-Nadjm, Andrea	130
Gölz, Petra-Marlene	65	Nau, Brigitte	32
Görlach, Axel	50	Peikert-Flaspöhler, Christa	80
Groh, Ingrid Maria	112	Plat, Marie-Luise	78
Gündisch, Mathilde	114	Reinboth, Gudrun	20
Günther, Karl-Adolf	74	Reitnauer, Paul Gerhard	136
Hahn, Nikola	54	Remter, Dagmar	158
Hehn, Ilse	26	Richter, Brigitte	151
Heitmann, Anne	29	Riegger, Christina	82
Hermann, Jasmin-Luise	110	Rösch, Ingeborg	138
Hülsebusch, Dieter	24	Rosen, Rita	116
Hülsmann, Harald K.	34	Saul, Horst	37
Isterheyl, Clara	115	Svatek, Kurt F.	132
Jünger, Hubert R. H.	120	Schill, Claudia Beate	39
Junk, Angelika C. M.	67	Schmitt, Rosemarie	83
Kapteina, Wilfried	121	Schnitzler, Hermann	40

Schöttes, Hedwig	154
Schulze-Kroiher, Maria	129
Staiger, Hans	11
Stark-Petrasch, Elfriede	141
Stehli-Christaller, Katja	66
Stucky, Oscar	142
Stünzi, Charles	86
Stumpfögger, Koloman	68
Tasler, Manfred	144
Traut, Benedikt Werner	60
Ulrich, Waltraut	42
Vahldiek, Bernd-W.	146
Vogl-Hüger, Anna-Valeria	76
Volka, Willi	48
Weinand, Margot	143
Weinhengst, Paula	148
Weiss, Brigitta	38
Westphal, Dagmar	28
Wiertz, C. A.	45
Windecker, Wolfgang A.	87
Wolff, Hannelore	64
Wortmann, Linda	156